꼰대 아빠와 등골브레이커의 브랜드 썰전

김경선 지음

㈜자음과모음

브랜드의 진정한 가치를 누리고
만들어가는 세상이 되길

내가 가장 부러워하는 사람은 가난을 두려워하지 않는 사람이다. 가난이 두렵지 않다면 세상살이가 한결 자유롭지 않을까 늘 생각했다. 무언가를 결정할 때 나를 머뭇거리게 하는 건 따지고 보면 가난하게 될까 두렵다는 것이었다. 대학에 가려 애를 쓸 때도, 돈을 벌기 위해 정신없이 바쁠 때도, 잘못된 일이란 생각을 하지만 과감하게 내 뜻을 표현하지 못할 때도 그 뒤에는 가난에 대한 두려움이 있었다.

가난을 두려워하게 된 데에는 어린 시절 가난했던(그때는 가난한 건지 몰랐지만) 나의 개인적인 문제도 있지만, 점점 심해지는 우리 사회의 빈부 격차 문제도 있다. 한번 떨어진 경제력은 다시 나아지기 힘든 구조가 되다보니 우리는 가난해지지 않으려 더 안간

4

힘을 쓰고 있다. 그래서 아무것도 모르는 갓난아이 때부터 부모는 고급 유모차에, 수입 분유에, 브랜드 의류를 찾는다. 태어날 때부터 그랬던 것처럼 아이가 영원히 그렇게 살기를 바라면서 말이다. 그런데 이런 생활은 사실 우리를 그렇게 행복하게 만들지 않는다. 오히려 나처럼 가난을 두려워하게 만든다. 가난으로부터 자유롭지 못한 사람을 만든다. 아이러니하게도 돈을 갈망하면서 동시에 가난을 두려워하지 않는 사람이 되고 싶은 소망을 갖게 한다.

돈으로부터 자유롭기가 쉽지 않다보니 자연스레 브랜드에서도 자유롭지 못했다. 나이 마흔을 넘은 사람들은 메이커라는 소용돌이 속에서 청소년기를 보냈다. 메이커 신발의 돌풍이 몰아쳤고, 메이커 가방부터 청바지까지 세상은 메이커가 있는 것과 없는 것으로 구분됐다. 그것은 이제 브랜드로 바뀌어 불리며 여전히 우리 세상을 뒤덮고 있다. 부모가 되어서도 브랜드에 열광하는 청소년 자녀를 통해 브랜드에 대한 생각을 곱씹고 있다.

한때 우리 사회에는 등골브레이커라는 말이 유행했다. 수십만 원에 이르는 겨울 점퍼를 사달라고 조르는 청소년들이 부모의 등골을 휘게 한다며 그리 불렀다. 당시 중학생이던 내 조카도 그 점퍼를 사달라며 언니 부부를 졸랐다. 언니는 울며 겨자 먹기로 수십만 원짜리 점퍼를 사줬다. 그런데 사고 보니 그것이 그리 높은 등급(같은 브랜드라도 옷 가격에 따라 등급을 구분했다)의 점퍼가 아니었다. 결국 조카는 얼마 입지 않고 점퍼를 옷장 속에 처박아두었다. 언니는 그것을 두고두고 아까워했는데 다행히 형부가 그 점퍼를 입어서 그나마 위안을 받았었다.

그런데 나는 이런 상황에 대해 누구는 옳고 누구는 그르다고 생각하지 않는다. 난 언니도, 조카도 이해가 된다. 내게도 나이키 운동화가 너무도 간절했던 어린 시절이 있었고, 요즘 아이들을 보며 왜 저렇게 브랜드 점퍼를 못 입어서 안달일까 하는 안타까운 마음도 느껴보았기 때문이다. 그래서 이 책에 아빠와 아들의 서로 다른 두 입장을 모두 담으려 노력했다. 가장 기본적인 것은 이야기 속 인물의 모습이지만, 거기에 덧붙여 독자들이 이성적으로 생각하고 검토하는 데 도움이 되게 하고자 경제, 사회, 문화, 심리, 철학 등 다양한 부분의 내용을 담았다. 각 분야 전문가들의 얘기를 독자들이 보기 쉽고 이해하기 쉽도록 새롭게 구성했다. 독자들이 누구의 편을 들지, 어떤 선택을 할지는 다양한 정보들이 안내자가 되어 도와주리라 생각한다. 실제로 브랜드 마케터들은 경제, 사회, 문화, 심리, 철학 등 다양한 분야를 마케팅에 이용한다. 따라서 우리도 그 이면을 보아야 한다. 그래야 공정한 게임을 할 수 있다. 그래야 브랜드에 휘둘리지 않고 브랜드의 진정한 가치를 누릴 수 있고, 만들어갈 수 있다.

마지막으로, 나는 이 책을 쓰면서 사람에 대한, 청소년에 대한 애정을 담고자 했다. 인문학이 무엇인가? 결국 인간다움의 학문이 아닌가. 난 인간다운 세상을 만드는 첫 번째 요소가 '측은지심'이라고 생각해 왔다. 그 마음 하나면 인간적이지 않을 것이 없다고 믿는다. 상대에 대한 연민, 상대를 살펴 안타까워할 수 있다면 누구도 인간을 소중히 여기지 않을 수 없다. 누구든 서로를 인정하고 도울 수 있다. 그거면 좋은 세상 만들기는 얼추 완성되는 게 아닐까. 게다가 어른의 한 사람으로서 어른에 비해 약자에 해당하는 청소년을 더 사랑하는 마음으로 본다면 그 자체만으로 훌륭한 교육이라고 생각한다. 청소년들이 그 마음까지 느끼며 이 책을 보기 바란다. 그래서 이 책을 통해 지식뿐 아니라 위로까지 받기를 소망한다.

늘 나를 응원하는 가족들, 이 책의 모티브가 되어준 조카와 아들(현상+준수=현수), 남편과 형부에게 고마움을 전한다.

2015년 11월

김경선

일러두기

꼰대, 간지, 노페, 득템 등의 표현은 십대 특유의 표현으로 보고 말맛을 살리기 위해
표준어 규정을 따르지 않고 그대로 실었습니다.

CONTENTS

1장

브랜드는 뱀파이어야!

\- - - - - - - -

　"점퍼는 사주지. 그렇지만 캐몽*은 안 돼."

　"왜요? 아빠."

　"브랜드는 뱀파이어야. 너는 지금 뱀파이어에 물리려는 거라고."

　"브랜드가 뱀파이어라니. 말도 안 돼."

　"말이 왜 안 돼. 네 주위에 있는 애들을 보라고. 한 놈이 사고 그
놈이 자랑하면 부러워서 옆에 있던 놈이 사고, 그러면 다른 놈도
또 사고. 뱀파이어에 물려도 그렇게 빨리 뱀파이어가 되지는 못할
거야."

　'으, 꼰대!'

　아들과 아빠의 브랜드 썰전은 그날 저녁 스산한 기운이 흐르던
저녁 식사자리에서부터 시작되었다. 엄마도 누나도 아니, 아들과
아빠도 이 썰전이 그렇게 오랫동안 이어질 것이라고는 생각하지 못
했다.

\- - - - - - - -

🛍 캐나다 구스와 몽클레어의 첫 글자를 따서 부르는 말.

띠띠 띠띠 띠또띠!

현관문의 비밀번호를 누르고 상호 씨는 힘껏 손잡이를 돌렸다.

"으흠."

낮은 기침을 한 번 하며 자신의 존재를 알렸지만 집 안에서는 아무 기척이 없었다.

'집에 뭔 일이 있었던 건가?'

상호 씨는 아무도 자신을 알은체하지 않자 슬그머니 서운한 마음이 생겨났다. 하지만 이런 일이 한두 번도 아니며, 그걸 티내는 건 자기가 생각해도 유치한 듯 느껴졌다. 상호 씨는 서운한 마음을 떨쳐내듯 하루 종일 발을 짓눌렀던 구두를 서둘러 벗었다. 구두가 현관에 나뒹굴었다. 그제야 주방에서 아내 경미 씨의 목소리가 들려왔다.

"어서 와요."

"응."

경미 씨는 퇴근하는 상호 씨에게 늘 어서 오라는 인사말을 하며 맞았다. 하지만 오늘은 말뿐 그 속에 반기는 기색이 조금도 담겨 있지 않았다. 상호 씨는 경미 씨가 괜히 우울하거나, 아이들과 무슨 일이 있었을 것이라고 짐작했다. 하지만 회사 일로 지친 상호 씨는 아내의 기분까지 살피고 싶지 않았다. 이런 일 역시 하루 이틀이 아니었으므로.

정확히 한 시간 전, 경미 씨는 아들 현수와 오랜만에 대화를 나누고 있었다. 현수는 작년에 중학교에 입학하여 이제는 중학생 티가 제대로 나는 2학년 학생이다. 사람들이 우리나라의 휴전 상태를 유지시키는 중요한 존재로 꼽는 중2 말이다.

"북한군이 중2가 무서워 공격하지 못한대."

"하하, 그거 말 되네. 걔들이 좀 막무가내여야지."

그 정도로 사람들은 중2를 무시무시한 존재라고 말한다. 하지만 실제 중2들은 그런 말을 하는 사람들을 보면 비웃어주고 싶은 기분이 든다.

막 태어나 목도 가누지 못할 때 아이들에게 어른은 절대적인

존재였다. 그 당시 아이들에겐 자신이 누구인지보다 엄마, 아빠가
더 중요했던 것이다. 엄마, 아빠의 사랑이 삶의 이유였단 말이다.
그런 아이들에게 어른들은 정성을 다해, 간혹은 마음대로 가르치
고 조종했다. 그러면 아이들은 곧이곧대로 따르고 배웠다. 그러다
가 조금 크면서 자신이 누구인지 고민하기 시작하고, 자신이 원하
는 것을 조금씩 찾게 되었다. 당연히 어른들이 하는 말보다 자신
의 생각에 관심이 갔다. 자신과 가장 비슷한 고민을 안고 있는 친
구들의 이야기에 더 귀를 기울이게 되었다. 그게 청소년기였다.

그런데 어른들은 애가 커가면서 이상해졌다며 혀를 찼다. 또
세상 말세라는 말도 했다. 어른과 다른 생각을 가지면 세상이 망
하는 거라니, 아이들이 보기에는 이거야말로 말도 안 되는, 세상
망치는 말이었다. 그런 말들에 아이들은 어른의 말이 듣기 싫어지
기에 이르렀다.

아이들의 냉담한 반응에 어른들은 이제 중2병이라는 말들을
쏟아냈다. 그리고 더 강압적이거나 냉소적으로 변했다. 중2병에
는 약이 없어서 이 방법뿐이라는 듯이 매를 들고 더 강한 규율과
감시로 조여 왔다. 이런 변화는 아이들이 변하는 속도보다 더 빠
를 때도 있어서 아이들은 적잖이 당황했고 나름 상처도 입었다.
그래서 많은 가정의 자식과 부모 사이가 불편하게 변해갔다.

하지만 사람의 관계란 언제나 변화무쌍하지 않은가. 어제의 적

이 오늘의 동지도 될 수 있는, 아무리 불편한 사람 사이에도 늘 인상을 쓰고 있을 수는 없는. 특히 상대에게 무언가를 부탁할 것이 생기면 자연스레 자신을 낮추게 되니 관계가 부드러워지는 건 당연했다. 지금이 그랬다.

"엄마, 있잖아."

현수가 엄마를 다정하게 불렀다.

"왜?"

오랜만에 듣는 아들의 다정한 목소리에 경미 씨의 목소리도 자연스레 부드러워졌다. 모두 비슷한 중2들의 말투가 아닌 차분하면서 다정한 말투. 경미 씨는 이것이 진짜 현수라고 생각했다.

"엄마, 나 겨울 점퍼 좀 사줘."

"겨울 점퍼?"

아들의 말에 경미 씨는 빠르게 머리를 굴렸다. 현수 겨울 점퍼가 뭐가 있더라? 하고 말이다. 현수는 그것을 눈치채기라도 한 듯이 급하게 말을 쏟아냈다.

"당장 입을 게 없는 건 아닌데, 올 겨울 무지 춥다잖아. 속에 여러 겹 껴입으려면 좀 넉넉한 점퍼가 있어야 할 것 같아. 키가 많이 자라서 그런지 지금 갖고 있는 점퍼들은 좀 작은 듯하거든."

현수의 말은 경미 씨가 듣기에도 충분히 그럴 듯했다. 더구나 자식이 추위에 떠는 것을 보고 싶은 부모가 어디 있겠나. 경미 씨는 고개를 끄덕였다.

"그럼 사줘야지. 엄마가 하나 사다 놓을게."

경미 씨는 흔쾌히 현수의 말을 받아들였다. 하지만 현수에게는 아직 할 말이 남아 있었다.

"아니, 엄마. 엄마 마음대로 사다 놓지 말고 내가 원하는 거 사줘."

"네가 원하는 거?"

"응. 그게 좀 비싸긴 한데…… 엄마도 보면 마음에 들 거야."

"비싸다고? 마음에 들 거라고?"

경미 씨는 어리둥절한 표정으로 현수의 말을 따라 했다. 아들이 이런 말을 하는 것은 처음이었기 때문이다.

"요즘 유행하는 점퍼가 있어. 따뜻한 건 기본인 데다 가벼워서 활동하기도 편해. 게다가 폼은 또 얼마나 죽이는지."

점퍼를 설명하는 현수는 어느새 신이 나 있었다.

"알았어. 근데 얼만데 비싸다는 거야?"

경미 씨가 웃으며 가격을 물었다. 경미 씨도 눈을 감고 다니는 것은 아니어서 어느 정도의 가격은 예상하고 있었다. 나이키며 아디다스로 이어지는 스포츠 브랜드에서 블랙야크, K2 같은 아웃도어 브랜드 점퍼들은 제법 가격이 있기 때문이다. 하지만 아들이 말한 가격은 상상 초월이었다.

"뭐어?"

경미 씨의 목소리가 폭발하듯 커졌다. 지금까지 좋았던 분위기는 일순간 남의 일이 되어버렸다. 현수는 그런 엄마를 달래듯 말했다.

"엄마, 그게 워낙 좋은 브랜드라서 그래. 엄마도 보면 분명히 예쁘다고 할 거야. 정말 예쁘고 좋은 옷이거든."

"야, 그 정도 가격이면 어떤 옷이든 다 예쁘고 좋아!"

경미 씨는 다시 버럭 소리를 질렀다. 하지만 현수는 다른 때와 달리 경미 씨 앞으로 더욱 바짝 다가앉으며 설득하기 시작했다.

"엄마 말이 맞아, 맞지. 비싸니까 예쁘고 좋게 만들었을 거야. 그런데 나 말이야. 그 옷이 정말 입고 싶어."

경미 씨는 현수의 말에 더 이상 버럭 소리를 지를 수 없었다. 그 순간 누군가의 모습이 떠올라 멍하니 현수를 바라보고만 있었다.

"너 정말 이거 살 거야?"

"응!"

"가격이 만만치 않은데……."

가격표를 다시 확인하며 한 친구가 걱정스럽게 말했다.

"명품 가격이 다 그렇지 뭐. 모르고 사러 온 거야? 하나 사서 대대로 물려 들어. 그럼 되지 뭐."

다른 친구는 오래 쓰면 본전 뽑는 거라며 사라고 부추겼다.

"그래, 나 이거 정말 들고 싶었어. 일 년 동안 적금 든다 생각하고 할부금 내지, 뭐."

한 손에는 신용카드를, 다른 한 손에는 명품 가방을 들고 결심하듯 말하는 예쁜 아가씨는 이십 대의 경미 씨였다.

"적금 들듯이 할부를 한다고? 그거 결국 빚지는 거잖아. 뭐가 아쉽다고 일부러 빚을 져."

"빚이라니? 필요한 물건을 할부로 부담 없이 사겠다는 거지."

경미 씨를 사이에 두고 두 친구가 말씨름을 벌였다.

"그게 빚이지 뭐. 빚도 습관이라는 말이 있어. 아폴로 신전에 가면 경계해야 할 세 가지에 대해 이렇게 쓰어 있대. 첫 번째는 너 자신을 알라. 두 번째는 절제하라. 그리고 마지막 세 번째는 빚을 지지 말라. 빚은 지는 순간부터 손해라는 거야. 뭐 하러 그런 짓을 해?"

"얘가 어느 시대를 사는 거야? 요즘은 빚도 능력이라고 했어."

"그건 대출업자들이 이자 받아먹으려고 하는 말이지."

경미 씨의 두 친구는 명품 가방 구매를 두고 입씨름을 했다. 하지만 경미 씨에게는 그 말이 귀에 들어오지 않았다. 이미 명품 가방이 자기 것이 된다는 생각에 빠져 친구들의 말이 귓등에서 튕겨져 나가버렸다.

대학생 때부터 경미 씨는 친구들을 통해 소위 명품이란 것을 알게 되었다. 명품의 세계는 신비로웠다. 어딘가 고급스럽고 귀해 보이는 것이 자신도 그런 사람으로 만들어주는 힘이 있는 듯했다. 경미 씨는 동대문 혹은 이태원 지하상가를 돌며 명품 스타일에 탐닉했다. 명품을 쏙 빼닮았지만 명품은 아닌 것을 한마디로 명품 스타일이라고 불렀다. 짝퉁이라 불리기엔 그 질이 남다르다는 자부심을 담은 말이었다.

하지만 명품 스타일의 가방과 시계는 수명이 짧았다. 시간이 지나 망가진 가방은 수선할 길이 없었고, 시계는 한철 차고 나면 색이 바랬다. 경미 씨는 언젠가는 진짜 명품을 사고 말리라 다짐하고 다짐했다. 그리고 처음 입사한 회사 생활이 어느 정도 안정기에 접어들었을 때 오랜 숙원이었던 명품 가방을 몇 개월의 할부 끝에 손에 넣었다.

그래서 경미 씨는 이 순간 아들의 마음을 누구보다 잘 아는 사람 중 하나다. 하지만 현실은 그렇게 간단하지가 않다. 현수가 원하는 점퍼를 살 돈이면 온 가족이 중저가 겨울 점퍼를 하나씩 살 수 있다. 더구나 그렇게 큰돈을 경미 씨 마음대로 쓰자니 남편이 걸렸다. 상호 씨는 누구보다 검소한 사람이었기 때문이다.

"말도 안 되는 소리 하지 마. 이게 어디서 겉멋만 들어가지고."

경미 씨는 마음을 다잡으려는 듯 더욱 강하게 현수를 나무랐다. 하지만 현수는 생각보다 강했다.

20

"엄마, 그러지 말고. 제발."

현수의 강한 반응은 평소처럼 제 방문을 쾅 닫고 들어가 버리는 것이 아니었다. 엄마에게 더 애절하게 사정을 하는 것이었다. 경미 씨는 그런 현수의 마음이 더더욱 이해되어 난처했다.

"아빠처럼 검소한 사람이 그런 걸 사라고 하시겠니? 아빠가 허락하면 사줄게. 아니다, 그냥 그 말도 안 되는 소리 말아."

경미 씨는 못을 박듯 단호하게 말하고 자리에서 일어났다. 그러자 현수가 경미 씨의 옷자락을 붙잡았다.

"엄마, 엄마가 아빠 좀 설득해서 사줘. 응?"

현수는 웬만해선 포기하지 않을 듯이 졸라댔다.

'아이고, 누굴 탓해. 나 닮아서 이러나 보네.'

경미 씨는 이제 자신이 원망스러울 정도다. 하지만 지금은 현수의 부탁에 무너지고 싶어도 무너질 수 없는 처지다. 남편 상호 씨는 경미 씨에게도 큰 난관이기 때문이다. 경미 씨는 들어가 공부나 하라며 현수를 떠밀었다. 현수는 있는 대로 풀이 죽어서 제 방으로 들어갔다.

* * *

"어서 나와서 저녁 먹어요. 현수야, 너도 나와서 밥 먹어."

심란한 마음을 뒤로 하고 경미 씨는 더 뽀글뽀글 김치찌개를 끓이고, 파를 송송 썰어 넣어 먹음직스럽게 계란말이를 했다. 김치찌개는 아들이 좋아하는 것이었고 계란말이는 남편이 좋아하는 반찬이었다.

시간은 언제나 문제를 해결해준다. 완벽하지는 않더라도 시간이 지나고 나면 그 간격 덕분에 어느 정도는 해결이 되곤 한다. 밥을 하는 동안 심란했던 경미 씨의 마음은 조금 풀렸고, 알은체하지 않는 가족에게 서운했던 상호 씨의 기분도 나아졌다. 여전히 수심에 싸여 있는 것은 현수뿐이었다.

"오, 맛있겠군."

상호 씨는 계란말이 하나를 집으며 만족스럽게 말했다. 현수는 그런 아빠의 얼굴을 힐끗힐끗 살폈다. 상호 씨는 계란말이에 정신이 팔린 듯 보였지만 모든 부모가 그렇듯 자식에게 더 관심이 갔다. 상호 씨는 현수가 자신에게 뭔가 할 말이 있다는 것을 눈치챘다.

"현수야, 오늘 별일 없었어?"

상호 씨가 먼저 현수에게 말을 건넸다.

"음, 뭐."

입에 밥 한술을 문 현수는 당황해서 삼키지도 못하고 얼버무렸다. 엄마도 안 된다고 한 마당에 섣불리 아빠에게 이야기를 꺼내서는 승산이 없다고 생각하고 있었다.

그 순간 긴장을 한 것은 경미 씨도 마찬가지였다. 아직 자신도 마음을 정하지 못한 상태라서 아들 편을 들어줄 수 없으니 이 상황이 불편하기만 했다.

두 사람의 표정에 상호 씨의 궁금증은 더 커졌다. 하지만 상호 씨는 그렇게 기벼운 사람이 아니있다. 상내가 말하시 않는 일을 캐내어 묻지는 않았다.

"그래? 그럼 됐네."

상호 씨는 잘라 먹고 남은 계란말이 반쪽을 마저 입에 넣었다. 저녁 식사는 조용하게 이어졌다. 하지만 그 조용함은 슬금슬금 풍선에 공기를 주입하는 형상이었다. 풍선에 공기가 차오를수록 터질까 불안해지듯, 조용히 공기가 차오를수록 누군가의 조급함과 불안함도 커지고 있었다.

'조금 전이 이야기를 꺼낼 찬스는 아니었을까?'

'현수야, 조금 기다려. 엄마가 적당할 때 이야기하는 게 좋을 거야. 아니면 엄마가 방법을 찾아보거나.'

현수는 현수대로, 경미 씨는 경미 씨대로 생각이 복잡했다. 경미 씨는 현수에게 안 된다고 못을 박듯 말했지만 남편 앞에서는 어느새 아들의 편이 되어 있었다. 이 순간 두 사람은 결국 적이면서 동지였다.

"저, 아빠."

밥 한 그릇이 절반쯤 줄었을 때 현수가 결심을 한 듯이 아빠를 불렀다.

"응."

상호 씨는 눈길도 주지 않고 무심한 듯 대답했다. 현수는 아빠의 주의를 집중시키기 위해 또박또박 말을 이었다.

"아빠, 오늘 꼭 드릴 말씀이 있어요."

상호 씨는 그제야 현수를 바라보며 이야기를 들을 자세를 취했다. 경미 씨는 두 사람을 번갈아 보며 상황을 주시했다.

"저, 점퍼 하나 사주세요."

"그런 걸 뭐 정색을 하고 말을 하니. 엄마가 알아서 잘 사주시잖아."

상호 씨는 아들의 싱거운 말에 픽 웃고 말았다. 하지만 현수는 곧은 자세를 풀지 않고 작정한 듯 다시 말했다.

"아빠, 제가 원하는 건 엄마가 알아서 사주던 그런 점퍼가 아니에요. 엄마는 아빠가 허락을 해야 사주신대요."

상호 씨는 아내를 바라보았다. 그제야 경미 씨가 입을 뗐다.

"애가 원하는 점퍼가 워낙 고급이라서 내가 안 된다고 했어. 아빠가 허락하면 사준다고."

"고급 점퍼라니, 뭐? 나이키?"

상호 씨는 의아한 얼굴이 되어 물었다. 그러자 경미 씨가 픽 웃으며 말했다.

"요즘 누가 나이키를 고급이라고 해. 누구나 다 가지고 있는 걸."

경미 씨의 비웃는 듯한 말투에 상호 씨의 얼굴이 붉어졌다. 하지만 경미 씨는 눈치채지 못하고 계속 자기 할 말만 했다.

"당신은 모르는 브랜드인데 요즘 강남에서 인기라고 하더라고. 돈 있는 아줌마들이 많이 입는 패딩 브랜드라는데 이젠 아이들도 많이 입나 봐. 현수가 그걸 사달라는 거야."

그러면서 경미 씨는 브랜드 점퍼의 가격까지 설명해주었다. 가격을 들은 상호 씨는 들고 있던 젓가락을 내려놓았다.

"무슨 점퍼가 그렇게 비싸? 특수 기능이라도 있는 거야?"

"특수 기능이랄 게 뭐가 있겠어. 그냥 따뜻한 점퍼지."

경미 씨의 간단한 대답에 현수의 얼굴이 심하게 일그러졌다. 역시 아직까지 엄마는 완전한 동지는 아니었다.

"아빠, 특수 기능은 아니지만 아주 따뜻하고 가벼워요. 디자인도 예쁘고요."

상호 씨는 현수의 말에 바로 스마트폰을 들고 점퍼를 검색해보았다. 스마트폰 화면에 여러 가지 모양과 색깔의 브랜드 점퍼가 떴다. 어서 나를 입어달라는 듯. 상호 씨는 화면을 요리조리 살피더니 이렇게 말했다.

"내 눈엔 정말 특별한 게 없는 점퍼인 걸. 특별한 거라고는 가격뿐이야."

상호 씨의 말에 현수의 입에서 긴 한숨이 나왔다.

"아빠, 그렇게만 생각하지 말아요."

상호 씨는 실망하는 현수의 얼굴을 보고는 달래듯 말했다.

"현수야, 아빠가 점퍼 사줄게. 그런데 이 점퍼는 안 돼."

"저는 그냥 점퍼가 필요한 게 아니라, 이 브랜드의 점퍼가 필요해요."

"왜?"

"많은 친구들이 이 브랜드를 입어요. 입어본 친구들이 그러는데 정말 좋대요."

현수의 말에 상호 씨는 무릎을 쳤다.

"아, 이제 알겠다. 뱀파이어가 나타난 게로구나."

"뱀파이어요?"

'뱀파이어'라는 단어에 현수도 경미 씨도 의아한 표정이 되었다.

"브랜드는 뱀파이어야. 너는 지금 뱀파이어에 물리려는 거라고."

"브랜드가 뱀파이어라니. 말도 안 돼."

현수가 헛웃음을 지었다. 상호 씨는 여전히 진지했다.

"왜 말이 안 돼. 네 주위에 있는 애들을 보라고. 한 놈이 사고 그놈이 자랑하면 부러워서 옆에 있던 놈이 사고, 그러면 또 다른 놈도 사고. 뱀파이어에 물려도 그렇게 빨리 뱀파이어가 되지는 못할 거야."

"아빠!"

현수는 억울한 표정이 되어 아빠를 불렀다. 하지만 아빠의 이
야기는 멈추지 않았다.

"브랜드는 부족을 만들지. 그 브랜드를 가져야 같은 부족이 될
수 있게 말이야. 브랜드에 열광하는 사람들은 같은 브랜드를 쓰
는 사람을 알아보고 같은 부류로 동질감 같은 걸 느끼지. 샤넬은
'당신이 무엇을 쓰느냐에 따라서 당신을 알 수 있다'고 말했어.
단순히 물건을 통해 취향이 보인다고 할 수도 있지만 브랜드의
세계에서는 값비싼 브랜드를 씀으로써 수준이 높아 보인다고 설
명하고 있지. 전에 보았던 아파트 광고에서도 '누구 씨는 래미안
에 삽니다'라는 카피를 사용해서 래미안에 사는 사람을 같은 부족
처럼 나타냈어. 그리고 그 부족에 속한다면 자부심을 느껴도 좋다
는 분위기를 만들어갔지. 그렇게 브랜드가 세상에 선 긋기를 하는
거야. 신분제는 사라졌지만 브랜드가 또 다른 신분제 구실을 하는
거지. 브랜드를 쫓다보면 너는 그런 부족이 되지 못할까 봐 불안
할 거야. 브랜드가 만든 허상에 빠지지 말아야 해."

"아빠, 저는 그냥 멋있는 점퍼를 입고 싶은 거예요."

"아니, 그게 다가 아닐걸? 특히 네 나이 때는 동조현상이 심할
때라서 친구나 연예인을 따라하려 하지. 동조현상이란 다른 사람

의 생각이나 행동을 따라하는 거야. 혼자만 다른 걸 불편해하지. 하지만 넌 너라는 걸 잊지 마. 동조현상 때문에 인생을 낭비해선 안 된단다."

상호 씨의 이야기는 점점 심각해져 가고 있었다. 이때 경미 씨가 나섰다.

"여보, 점퍼 하나 사달라는데 뭐 그런 얘기까지 해. 현수가 뭘 어쨌다고."

"내 말이."

경미 씨의 말에 현수가 바로 맞장구를 쳤다. 하지만 상호 씨는 꿈쩍도 하지 않았다.

"브랜드가 어떤 건지 잘 몰라서 그래. 브랜드가 만든 욕망의 굴레는 우리가 생각하는 것보다 어마어마하고 무서운 거라고."

상호 씨는 스마트폰을 꺼내 무언가를 찾았다. 그리고 화면에 나타난 그림을 보여줬다.

〈비트겐슈타인의 오리-토끼(The duck-rabbit)〉

"이게 뭐로 보여?"

현수는 토끼 그림을 들고 묻는 아빠의 모습에 어이가 없어서 대꾸도 하지 않았다. 그때 경미 씨가 답했다.

"오리네!"

오리라니, 엄마의 말에 현수는 더더욱 어이기 없었다. 그런데 그 말을 듣고 다시 그림을 보자 거기엔 정말 오리가 있었다.

"이 그림 속에는 오리도 있고 토끼도 있어. 오리를 떠올린 사람에겐 오리가 보이고, 토끼를 떠올린 사람에겐 토끼가 보이지. 우리 눈에 보이는 것은 우리가 보려고 하는 것일 때가 많아. 브랜드도 마찬가지야. 브랜드라는 굴레에 갇히면 그것만 의미 있고 가치 있게 보이는 거야. 난 내 아들이 그런 굴레 속에 사는 걸 바라지 않아. 넘쳐나는 광고, 과소비 문제들. 그게 다 브랜드가 만들어내는 거거든."

아빠의 이야기는 쉽게 끝날 것 같지 않았다.

'으, 꼰대!'

현수는 차마 입 밖으로 뱉지 못하는 말을 속으로 삭이며 식탁에서 일어섰다.

"왜? 밥 남았잖아."

경미 씨가 일어서는 현수의 손을 잡았다. 하지만 현수는 그 손을 뿌리쳤다.

"그만 먹을래요."

"현수야!"

경미 씨는 방으로 들어가는 현수를 불렀다. 그런 경미 씨를 상호 씨가 말렸다.

"그냥 둬. 브랜드 점퍼 안 사준다니까 심통 나서 그러는 걸."

상호 씨는 그럴 때마다 아이를 달래주면 버릇 나빠진다며 다시 젓가락을 들고 혼자 밥을 먹기 시작했다. 경미 씨는 그런 남편이 괜히 미워 보였다.

2장

어느 집에나 있는 꼰대, 그리고 브랜드

　몽블랑에도 볼펜 똥은 나와.

　캐나다 구스에서도 거위털이 빠지지.

　샤넬 우산이라도 거센 비에 빗물이 새고.

　3만 달러짜리 휴대폰에는 디카도 없어.

　그게 뭐?

　우리는 기계가 아니라서 나만의 욕구가 있어.

　어른들은 우리의 마음 따위는 늘 아랑곳하지 않지.

　어른이란 이유로, 부모란 이유로 우리의 욕구를 멋대로 조종하려

들지 말라고!

양손을 바지 주머니에 찌르고 어슬렁대는 것보다는 조금 빠른 걸음으로 걷는다. 등굣길이므로. 바람은 찼다. 겨울로 가는 길목은 목전부터 가파른 건지 성큼성큼 날이 추워졌다. 사람들은 옷 속으로 목을 움츠리거나 얼굴의 반을 가릴 정도로 목도리를 칭칭 감았다. 하지만 중학교 아이들의 폼은 한결 같았다. 바지 주머니에 손을 찔러 넣고 걷기. 초등학생과 중고등학생의 차이는 이것이라는 듯이 남자 아이들은 하나같이 점퍼 주머니가 아닌 바지 주머니에 손을 넣기 시작했다. 점퍼가 들리는 것을 막기 위해 점퍼의 지퍼는 절대 채울 수 없는 것이었다. 추위에 찬바람을 당당히 맞는 것. 그것이 아이들의 자존심이었다. 현수도 다르지 않았다.

"오늘부터 겨울 추위라고 난리야."

경미 씨는 현관에 선 현수를 잡아 세우고 점퍼의 지퍼를 목 끝까지 끌어올렸다. 현수는 그런 엄마의 손에서 놓여나기 위해 몸을 뒤틀었다.

"엄마 말 들어. 감기 걸리지 말고."

경미 씨도 지지 않고 그렇게 옷을 여미서 현수를 내보냈다. 하지만 얼마 못 가서 현수의 점퍼는 휑하니 벌어졌다. '네가 뭔 짓을 하는지 멀리서도 다 보인다'는 엄마들의 으름장은 중2 아들에겐 이제 한 치도 고려할 만한 것이 아니었다.

"현수야~."

교문 가까이 다다르자 누군가 현수를 불렀다. 같은 반 친구 태지였다. 태지는 추운지 점퍼를 목까지 채우고 있었다. 현수는 달려오는 태지를 기다리며 뜻하지 않게 태지의 겉모양새를 살피게 되었다.

'짧고 꼭 맞는, 아니 작아 보이는 바지. 밑단은 해지기 일보직전의 아슬아슬한 상황. 점퍼는 조금 작은 듯 허리춤에서 끝이 나서 엉덩이가 드러나 있군.'

태지로 말할 것 같으면 현수랑은 단짝 친구이면서도 현수와는 조금 다른 아이였다. 뒤늦게 브랜드 점퍼에 집착하는 현수와 달리 태지는 늘 브랜드와 상관없이 사는 아이였다. 지금 입은 교복도 졸업생이 물려준 것이다. 태지에게는 그런 것이 꽤 많았다. 새 것 싫어하는 사람이 없다는데 태지는 새것을 싫어했다. 단짝인 현수도 그것만큼은 늘 이해가 되지 않았다. 그렇게 태지를 바라보고 있는 사이 누군가 현수의 어깨를 툭 쳤다. 강일이였다.

강일이는 바지춤에 손을 꽂은 채 현수를 향해 씨익 웃어보였다. 현수는 태지보다 강일이가 반가웠다. 강일이는 형 같은, 그리고 리더 같은 친구였다. 회장이라든가 그런 직책을 맡지는 않았지만 반 아이들을 리드할 때가 많았다. 그건 또래 아이들보다 아는 것이 많아서였다. 물론 어른들이 생각하는 공부와 관련된 의미는 아니다. 스포츠, 게임, 연예인, 패션, 이성교제, 성(性) 등 아이들이 재미있어하는 것에 대한 강일이의 지식과 경험은 다양했다. 때로는 아이들이 미처 알지 못했던 새로운 분야의 이야기를 들려주기도 했다. 그래서 강일이는 아이들의 리더라 할 수 있었고, 강일이를 중심으로 많은 아이들이 어울려 놀았다. 그리고 강일이와 어울려 놀아야 반에서 주류에 속할 수 있었다. 주류와 비주류는 정치판에만 있는 것이 아니었다.

"우와, 태지 스타일 죽이는데!"

태지가 다가오자 강일이가 말했다. 현수는 그 상황이 어리둥절했다. 방금 본 태지는 현수 눈에 남루하기 이를 데 없었다. 늘 재활용 옷만 입는 태지가 멋있다니, 조금씩 풀려 나오는 바지 밑단의 실밥이 보이지 않는 걸까 싶어 강일이를 다시 쳐다봤다.

"넌 늘 제대로 빈티지*야. 요즘 이런 패션이 뜨잖아."

강일이는 손가락을 치켜들며 칭찬했다. 그 말에 현수도 태지의 옷매무새를 다시 훑어봤다.

"요즘엔 항공점퍼가 유행이잖아. 이렇게 허리에서 끝나는 점퍼 길이, 딱 좋아."

강일이는 최신 패션 트렌드를 읊어댔다. 현수도 빈티지 패션은 어디선가 들어본 것 같아서 관심이 갔다. 하지만 태지는 그저 웃을 뿐이었다.

"항공점퍼는 무슨. 오래 입다보니 짧아진 거야. 올해 키가 많이 컸거든."

"아무튼 환경 어쩌고 하면서 옷 안 사 입어도 너는 간지가 난다."

강일이의 칭찬은 계속 이어졌다. 친구들 사이에서 최고의 칭찬으로 여겨지는 '간지 난다'는 말까지 들었으니 하루의 시작을 최고로 했다고 할 수 있다. 하지만 역시 태지는 달랐다.

"환경 어쩌고가 뭐냐. 그렇게 대수롭지 않게 여기지 마. 환경문제는 우리 모두 관심을 가져야 하는 거라고."

빈티지는 원래 와인이나 포도의 생산 연도를 뜻한다. 그런데 그 의미가 확대되어, 오래되어 값어치 있다는 뜻까지 담고 있다. 요즘에는 옛날 물건이나 옷, 장신구 등이 빈티지 스타일로 환영을 받고 있는데, 이것은 사람의 손이 닿으면서 기존의 획일화된 기성품과 다른 유일한 매력을 갖게 되었기 때문으로 해석된다.

태지는 최고의 기분을 만끽하기는커녕 환경 이야기가 나오자 진지한 얼굴이 되었다. 태지가 현수를 비롯한 여느 아이들과 다른 점, 그것도 아주 많이 다른 점은 바로 이거였다. 태지는 환경문제에 지대한 관심을 가진 아이였다. 그래서 늘 재활용에 관심을 보였고 일회용품을 사용하지 않는 것에도 철저했다. 그리고 기회가 있을 때면 늘 환경문제의 심각성을 친구들에게 이야기했다. 현수는 그런 태지가 멋있기도 했지만 엄마의 잔소리를 친구에게 또 듣는 듯 느껴지기도 했다. 그래서 이번에도 급하게 화제를 바꿔버렸다.

"강일아, 근데 너 어깨에 멘 건 뭐야?"

강일이는 가방 말고도 뭔가를 어깨에 크로스로 메고 있었다.

"이거? 축구공. 최신 축구공 하나 마련했지. 이따 점심시간에 축구하자."

"최신 축구공?"

현수는 최신 축구공이라는 말에 귀가 솔깃해졌다. 하지만 태지는 최신이란 말에 아무런 감흥을 느끼지 않는다.

"교실에 돌아다니는 축구공도 좋던데 뭐 하러 샀냐."

"야, 넌 빠져. 또 고리타분한 소리할라."

현수가 태지를 막고 강일이 옆으로 바짝 다가갔다. 축구를 좋아하는 현수는 어릴 때부터 축구공을 모아왔다. 팀가이스트*, 자블라니*, 피버노바*, 브라주카*. 이것은 모두 현수가 사 모은 축구 공들이다. 엄마는 다 똑같이 둥근 축구공은 뭐 하러 여러 개 사냐 고 말했지만 현수가 보기에 그건 엄마가 축구를 몰라서 하는 말이 었다. 특히 현대 축구는 축구공의 기능에 따라 놀라운 차이를 만 들어내기 때문이다. 게다가 현수는 이 축구공들의 이름이 꽤 멋있 다고 생각했다. 그래서 축구공을 볼 때마다 그 이름을 한 번씩 불 러보곤 했다. 팀가이스트, 자블라니, 피버노바, 브라주카.

"강일아, 뭔데? 좀 보자."

현수는 강일이의 가방을 들어주기라도 할 듯이 가방으로 손을 뻗었다.

"에이, 우선 교실로 가자고. 지각할라."

가진 자의 여유인 걸까? 강일이는 여유롭게 현수의 손을 피한 뒤 걸음을 재촉했다. 새 축구공에 관심이 없는 태지가 앞서자 현수 도 할 수 없이 그 뒤를 따랐다.

🛍️ 팀가이스트(Teamgeist)는 2006년 독일 월드컵축구대회의 공인구이다. 독일어로 '팀 정 신'이라는 의미이다.
🛍️ 자블라니(Jabulani)는 2010년 남아프리카공화국 월드컵축구대회의 공인구이다. 남아 공의 공식 언어인 줄루어로 '축제를 위하여'라는 의미이다.
🛍️ 피버노바(Fevernova)는 2002년 한·일 월드컵축구대회의 공인구이다. '열정'을 뜻하는 피버(fever)와 '별'을 뜻하는 노바(nova)의 합성어이다.
🛍️ 브라주카(Brazuca)는 2014년 브라질 월드컵축구대회의 공인구이다. 포르투갈어로 '브라질 특유의 삶'을 의미한다.

"어제 사촌 형을 만났는데, 와! 타투*가 예술이었어."

"타투?"

"문신 말이야, 새꺄."

1교시가 끝난 쉬는 시간. 강일이가 타투라는 새로운 문화에 대한 이야기를 들고 나타났다. 타투라는 말조차 낯선 아이들은 문신이란 말에 놀라면서도 호기심을 보였다. 문신이라면 한때 드럼통만한 몸통을 가진 형님들이나 하는 거라고 생각했지만 요즘은 타투라는 이름으로 바꿔 불리며 최신 트렌드로 여겨지고 있다. 연예인, 예술가, 스포츠 스타는 물론 멋을 좀 낸다는 대학생까지 타투를 패션 아이템의 하나로 받아들이기 시작하면서 예전에 비해 흔히 볼 수 있는 젊은 문화로 자리 잡고 있는 것이다.

"어떤 외국인은 타투를 손가락 마디마디까지 빼곡히 했던데."

"그건 좀 징그럽지 않냐?"

타투(문신)는 피부를 바늘로 찔러 먹물이나 물감을 넣어 글씨나 무늬를 새기는 것을 말한다. 타투는 옛날부터 재앙으로부터 막아준다는 믿음으로, 혹은 신분과 지위를 나타내기 위해, 장식을 위해 행해졌다. 한때 종교적인 이유로 타투에 거부감을 갖기도 했지만 요즘에는 세계적으로 많은 사람들이 하고 있고, 우리나라에서도 빠르게 확산되고 있다. 하지만 우리나라에는 타투 시술을 의료인들만 해야 한다는 대법원 판례가 있어 현재 시중에서 행해지는 타투에는 불법적인 요소가 있다. 최근 이 문제를 현실화하기 위한 논의가 이루어지고 있다.

"그래도 눈에 확 띄는 건 좋겠던데. 개성 있어 보이잖아."

타투에 대한 아이들의 생각은 다양했다. 이때 분란을 정리한 건 강일이었다.

"서양 사람들이 하는 타투 중에 가장 많은 게 뭔지 알아?"

강일이의 질문은 흥미로웠다. 아이들은 자신이 타투를 한다면 어떤 모양을 선택할지를 떠올리며 사람들이 가장 많이 하는 타투가 무엇인지 궁금해했다.

"하트가 아닐까?"

"아무래도 전통적인 용 문양? 조폭 형님들이 이미 많이 했을 테니까."

"서양 조폭도 용을 새길까?"

"서양 사람들이 가장 많이 하는 거라면 아무래도 영어일 거 같아."

한 아이가 눈을 가늘게 뜨며 예측을 했다.

"그래, 맞아. 영어야."

강일이가 그 아이를 보며 말했다.

아이들 사이에서 영어 단어가 쏟아져 나왔다. 세계를 하나로 이어줄 만한 간단하고 쉬운 단어들이 대부분이었다. 이쯤 되면 강일이가 답을 할 차례다.

"맘(mom)! 그 다음은 할리 데이비슨*!"

"할리 데이비슨?"

아이들의 얼굴은 타투라는 단어를 들었을 때보다 더 낯설어 하는 표정이었다.

"부아아앙~."

강일이가 오토바이 타는 시늉을 하자 그제야 아이들은 알겠다는 표정이 되었다. 할리 데이비슨이라면 현수도 들어본 적이 있었다. 현수네 엄마는 김광석의 광팬이라서 김광석 CD를 자주 틀어놓았다. CD 속에서 김광석은 할리 데이비슨을 타고 길을 떠나고 싶다는 이야기를 했었다. 콘서트 중 한 이야기를 담은 것이었는데 키가 작은 김광석이 할리 데이비슨을 잘 탈 수 있을지 모르겠다는 걱정을 할 때는 관중들이 웃었고, 엄마도 픽 웃음을 터트렸더랬다. 그래서 현수는 할리 데이비슨이 어떤 오토바이인지 잘 알고 있었다. 그런데 왜 사람들은 그걸 몸에 새기는 걸까? 현수가 궁금해할 때쯤 강일이가 이야기를 시작했다.

"할리 데이비슨은 오토바이 브랜드의 이름이야. 손잡이가 높이 달려 있어서 멋있어 보이기도 하고 힘들어 보이기도 한 거 있잖아."

이런 걸 눈높이 교육이라고 하는 걸까? 강일이는 이해하기 쉽

할리 데이비슨은 1903년 윌리엄 s. 할리와 아서 데이비슨이 창립한 모터사이클 회사다. 대형 모터사이클의 대표 주자로 엔진에서 나오는 강력한 진동과 소리에 열광하는 모터사이클러들이 모여 활발한 동호회 활동을 하고 있다. 이를 통해 할리 데이비슨 패션, 문화 등이 생겨났다.

게 할리 데이비슨을 설명했다.

"사람들은 할리 데이비슨이란 브랜드를 사랑하지. 그런데 사실 할리 데이비슨은 성능이 뛰어난 오토바이는 아니었어. 옛날에는 할리 데이비슨을 하루 타면 일주일을 수리한다고 할 정도였대. 그런데도 사람들은 할리 데이비슨을 타려고 했어. 멋진 외관에 속도를 내면 과하게 들리는 굉음이 불편하다기보다는 멋이라고 느낀 거야. 그 굉음이 강렬한 인상을 주는 거지. 우리가 지금 할리 데이비슨을 타는 사람을 터프하다거나 남성적으로 느끼는 것처럼 그들도 그런 이유로 할리 데이비슨을 선택한 거야."

아이들은 강일이의 이야기에 폭 빠져들었다. 강일이는 더 신이 나서 이야기를 이어갔다.

"사람들이 할리 데이비슨을 타려고 하는 이유는 또 있어. 할리 데이비슨을 타는 사람은 할리 데이비슨을 타는 사람끼리 어울리곤 하지. 광복절에 폭주족들이 서울 시내를 누빈다는 얘기 들어봤지? 할리 데이비슨을 타는 사람들은 자기들끼리 어울려 오토바이를 타고, 모임을 만든대. 할리 데이비슨 부족이 만들어지는 거야."

강일이의 이야기를 듣고 있던 현수는 어젯밤 아빠가 했던 이야기가 떠올라 깜짝 놀랐다. 브랜드가 부족과 계층을 만든다고 했던 아빠의 이야기를 지금 강일이가 하고 있는 거였다. 현수는 절로 '아―' 하는 탄성이 나왔다. 아빠의 말을 들을 때는 진저리가 났는데 친구가 그 말을 하니 이해가 되고도 남았다.

참 이상한 일이다. 친구가 말할 때는 쉽게 고개가 끄덕여지는데 부모님의 말에는 거부감부터 든다. 아니 엄마나 아빠가 입을 여는 순간부터 곤욕스러워지기까지 하니 자식 입장에서도 미치고 팔짝 뛸 지경이다. 부모와 자식의 대화가 이런 식이니 작은 문제가 생겨도 해결하기는 어렵고 힘들 수밖에 없다. 현수는 우리나라가 통일을 하지 못하는 것도 이와 비슷한 이유일 거라고 막연히 생각했다.

"근데 너희 형은 무슨 타투 했어?"

"히히, 여자친구 이름을 이니셜로 했더라."

"뭐어?"

"보아하니 아주 푹 빠져 있더라고."

이성에 관한 이야기는 언제 들어도 흥미롭고 재미있었다.

"헤헤, 우리 반 누구랑 똑같네."

반 아이들은 얼마 전 커플이 된 친구를 쳐다보며 음흉하게 웃었다.

"에이씨, 하지 마라!"

여자친구가 있는 아이는 얼굴이 벌개져서는 대번에 거친 말부터 내뱉었다. 하지만 아이들은 아무 상관이 없다. 그저 친구 한 번 놀려주는 것으로 하루에 해야 할 일을 하나 한 셈 치는 듯했다.

"그래도 헤어질지도 모르는데 그건 좀 그렇지 않냐?"

현수가 강일이에게 물었다.

"나도 그런 생각이 들어서 형한테 말했더니 나보고 어린 게 노인네 같은 소리 한다고 하더라. 그러면서 요즘엔 타투 지우는 기술도 좋아서 괜찮대. 역시 형만 한 아우가 없더라고."

강일이는 절묘하게 형을 까는 듯하다가 형을 치켜세워줬다. 강일이는 형제가 없어서인지 사촌 형과 잘 어울리곤 했다. 그래서 사촌 형한테 주워듣는 이야기가 꽤 많았다. 타투 이야기도 그랬지만 강일이가 스케이트보드*를 즐기는 것도 사촌 형 때문이었다.

"어제도 이태원 갔다며?"

한 아이가 물었다.

"응, 간 김에 스케이트보드 구경 좀 하고 왔지. 멋진 게 너무 많았어. 빨리 돈 모아서 사려고."

"또 사려고? 네 것도 멋지던데."

"그럼, 네가 내 꺼 살래? 난 좀 탔더니 지겨워서."

강일이는 자신의 스케이트보드에 관심을 보이는 아이에게 바

🛍 스케이트보드는 신발에 바퀴가 달린 롤러스케이트, 인라인스케이트에 이어 유행하는 레포츠다. 스케이트보드는 어린이뿐 아니라 어른까지 즐기는 레포츠로 도심에서도 쉽게 할 수 있는 장점이 있다. 스케이트보드는 레포츠용뿐 아니라 편하게 이곳저곳을 돌아다니는 목적으로도 사용되는데, 이러한 자유로움이 개성과 자유를 추구하는 문화로 인식되고 있다.

짝 붙어서 물었다. 어떻게든 팔아넘기고 새로운 걸 갖고 싶은 모양이었다.

"난 아직 잘 못 타서."

너무 적극적이었던 걸까? 아이는 한 발짝 물러섰다.

"에이, 그럼 말아. 중고 사이트에 올려보지 뭐."

아이들 사이에서 중고 물건의 거래는 꽤 활발한 편이었다. 훨씬 앞선 문화를 누리는 대학생 형들이 내놓은 중고 물건은 중학생들에게 충분히 매력적이었다.

아이들은 갖고 싶은 것이 많았다. 그것은 가진 것에 대한 싫증도 빠르다는 것을 의미했다. 그래서 아이들은 가진 것을 중고 시장에 내놓고 그것을 판 돈으로 또 새로운 것을 샀다. 새로운 것을 산다는 것이 항상 새것을 사는 것을 의미하지는 않았다. 아이들은 스스로 중고 시장의 판매상이면서 손님이 되는 것이었다. 특히 여학생들이 이런 활동에 더 활발했다. 쇼핑 DNA를 갖고 태어나는 건지 하루가 멀다 하고 중고 거래를 한 덕분에 여학생들 집에는 택배가 자주 왔다. 택배를 본 엄마들은 여지없이 잔소리를 했고, 그래서 어떤 아이는 엄마의 잔소리를 피하기 위해 학교에서 택배를 받기도 했다.

그러다 보니 중고 시장의 중개상 역할을 하는 강일이는 자연히 아이들의 중심에 서게 되었다. 어제 강일이가 이태원에 간 것도 한 친구가 새로운 스케이트보드를 사겠다고 해서 안내를 해주기 위해서였다. 물론 강일이는 먼저 자신의 스케이트보드를 팔아보려 했지만 친구가 다른 것을 원해서 이태원으로 갔던 거다. 친구를 데리고 이태원에 간 강일이는 능숙하게 흥정에 나서 친구의 스케이트보드 마련을 도왔고, 감사의 표시로 맛있는 떡볶이를 얻어먹고 왔다.

"나 어제 필통 잃어버렸어. 씨!"

"그 필통? 너 그거 무지 아꼈잖아."

"도서관에 두고 그냥 왔지 뭐야. 다시 가봤더니 벌써 없더라고."

"아깝다. 그 펜 정말 탐났는데."

"혹시 네가 가져간 거 아냐?"

"뭐래?"

아이들의 관심사 중에는 문구류도 포함되어 있었다. 공부는 좋아하지 않았지만 학생이다보니 좋아하는 문구가 한두 가지씩 있었다. 서툰 목수가 연장 탓한다는 말처럼 아이들은 맘에 들지 않는 문구를 못 참아 했다. 이건 여학생들이 특히 심했지만 남학생들에게도 있는 현상이었다.

"야, 몽블랑*에도 볼펜 똥 나온다며?"

"볼펜 똥? 볼펜이면 다 그런 거 아닌가?"

한 아이의 심각한 질문에 태지가 심드렁하게 답했다.

"너 몽블랑이 뭔지 모르지?"

"볼펜이라며?"

태지는 여전히 심드렁하게 답했다. 강일이는 태지를 답답하게 바라봤다.

"몽블랑은 아무 문방구에서나 파는 그냥 볼펜이 아니야. 얼마나 귀한 건데."

강일이는 몽블랑에 대한 설명을 구체적으로 이어갔다.

"몽블랑은 독일에서 만든 고급 만년필 브랜드야. 유럽에서 최고로 높은 산이 몽블랑인데, 몽블랑처럼 최고 품질의 문구를 만들겠다는 의미에서 그런 이름을 지었지. 동독과 서독으로 나뉘었던 독일이 통일 조약서를 쓸 때도 몽블랑 만년필로 서명했다고 해. 우리나라의 어느 은행에서는 은행장이 바뀔 때마다 몽블랑 만년필을 물려주는 관례가 있다고 하고. 그 정도로 몽블랑은 고급 만년필로 상징적인 의미가 있어. 그런데 요즘에는 만년필을 많이 안쓰니까 대신 몽블랑 볼펜을 쓰는 거지. 가격이 어마어마해."

"얼만데?"

"몇십만 원씩 할 걸? 우리 아빠는 대학 졸업할 때 선물로 받았

몽블랑은 독일의 만년필 회사이다. 최고급 만년필로 유명한데 장인의 손을 거쳐 한 자루를 만드는 데 6주가 넘게 걸린다고 한다. 요즘에는 필기구보다 장식성과 최고의 필기구라는 상징적인 의미로 이용되는 경우가 많다.

다면서 아직까지 귀하게 모셔놓고 있지."

"그런데 볼펜 똥이 나온다며?"

심드렁하게 말했던 태지가 다시 물었다. 비싸고 귀하다더니 볼
펜 똥 나오기는 마찬가지 아니냐는 투였다. 인간이 물건에 집착하
기 때문에 환경문제가 더 심각해진다고 믿는 태지였다. 누구나 차
를 갖고 싶어 해서 대기오염이 심각해지고, 더 넓은 집을 가지고
싶어 해서 산을 깎아 대고, 그 넓은 집을 덥히고 식히느라 이산화
탄소 배출이 늘어난다는 거다. 물건에 대한 집착은 심각한 쓰레기
문제를 만들고, 거기에 모피의 소비까지 더해서 털 가진 동물을
마구잡이로 해치고 있는 상황이라고 말이다. 태지는 이런 상황을
떠올리며 고개를 절레절레 저었다. 하지만 강일이는 열심히 설명
을 이었다.

"몽블랑이 비싼 이유는 볼펜 똥이 안 나오는 볼펜이어서가 아
니야. 아까 이야기한 것처럼 몽블랑이라는 브랜드 때문이지. 얼마
나 멋지냐, 몽블랑을 쓰는 남자."

강일이의 말에 일부 아이들은 동조를 했고, 일부의 아이들은
헛웃음을 웃었다. 하지만 헛웃음을 웃은 아이들도 그 의미를 이해
하지 못하는 것은 아니었다. 멋있어 보이고 귀한 것을 싫어할 사
람은 없었으므로. 태지만 빼고.

볼펜에 이어 아이들의 화제에 오른 것은 겨울 점퍼였다. 교복

을 입는 아이들에게 겨울 점퍼는 자신의 개성을 드러내는 유일한 표현 수단이었다. 아이들이 겨울 점퍼와 운동화에 유독 관심을 보이는 이유는 교복 착용이라는 제한이 한몫하고 있었다.

"나 이번 주말에 캐나다 구스 사러 가기로 했다. 히히."

한 아이가 승자의 웃음을 지으며 말했다.

"우와, 좋겠다."

가만히 있던 현수가 가장 심하게 부러워했다.

옹기종기 모여 있는 아이들 중 유행하는 브랜드의 점퍼를 입지 않은 아이는 현수와 태지를 비롯한 몇몇뿐이었다. 아이들은 가슴팍에 훈장을 달듯이, 팔뚝에 완장을 차듯이 비싼 브랜드 마크를 하나씩 달고 있었다. 그것도 최신 유행하는 브랜드들로.

"너무 캐나다 구스만 사지 말고 몽클레어도 봐봐. 그것도 예쁘던데."

현수의 속도 모르고 강일이가 다른 브랜드를 추천했다.

"말도 마. 우리 엄마, 아빠는 절대로 안 사줄 거야."

한숨 섞인 현수의 말에 아이들은 한마디씩 했다.

"우리 엄마도 절대로 안 사준다고 했었어. 그런데 결국엔 사주더라고."

"그래, 처음부터 사준다고 하는 부모님은 별로 없어. 잘 말씀드려 봐."

듣고 있던 현수는 아이들 사이에 폭탄을 던져놓듯이 어제 아빠가 했던 말을 쏟아냈다.

"우리 아빠는 브랜드가 뱀파이어래. 브랜드 점퍼를 사는 건 뱀파이어에 물리는 거라고 했어."

"뱀파이어?"

"그래. 한 놈이 사니까 그거 보고 다른 놈도 쫓아서 사고, 그래서 또 옆에 놈도 사고. 뱀파이어에 물려서 뱀파이어가 되는 것처럼 말이야. 그래서 절대 브랜드의 굴레에 갇혀서는 안 된대."

현수의 말에 재밌다는 듯 태지가 크게 웃었다. 하지만 대부분의 아이들은 달랐다. 아이들에게 브랜드와 뱀파이어는 첫 자음인 'ㅂ'만 같을 뿐 공통점이라고는 없는 단어였다. 현수 아빠의 말은 아이들에게는 충격이었다.

"말도 안 돼. 그런 말이 어딨냐?"

아이들은 현수의 입장이 되어 브랜드가 뱀파이어라는 말에 반발했다. 그러자 강일이가 브랜드의 의미에 대해 이야기를 늘어놓았다.

"브랜드를 나쁘게만 생각하는 건 아주 좁은 생각인 것 같아. 우리 사촌 형을 보면 늘 같은 브랜드의 신발을 신거든. 형은 그 브랜드 신발을 통해 자신의 생각과 이미지를 표현한다고 했어. 사람은 누구나 표현의 자유가 있잖아. 브랜드가 그 자유의 일부라고 한다면 뱀파이어라고 말할 수 있겠어?"

브랜드에 관심이 많은 강일이는 실제 사례까지 들며 이야기를 이어갔다.

"영국의 베르투라는 브랜드에서 나오는 휴대폰이 있어. 한때 이 휴대폰에는 카메라 기능도 없고 MP3 기능도 없었대. 아주 흔한 기능인데도 말이야. 근데 이게 그 당시 얼마였는지 알아? 삼만 달러가 넘어. 우리 돈으로 삼천만 원이 넘는 거야. 그런데도 사람들은 그 휴대폰을 샀대. 전화기 그 자체만으로 최고의 상징성이 있기 때문이지. 사실 우리도 그렇잖아. 최신 휴대폰이 나오면 백만 원이 넘는데도 많은 사람들이 사고 싶어서 안달이야. 겨우 몇 달 후면 그건 최신 휴대폰의 자리에서 물러나게 된다는 걸 누구나 알아. 지금까지 늘 그랬으니까. 그런데도 단 몇 달을 위해 큰돈을 지불하지. 자신을 최신으로 만들고 싶은 거야. 휴대폰이 구형이면 자신도 구형 인간이 되는 것처럼 느껴져서 참을 수 없는 거야."

"매너가 사람을 만든다는 것처럼 '브랜드가 사람을 만든다' 뭐 그런 거니?"

태지가 약간의 비웃음을 섞어서 물었다. 하지만 강일이는 상관하지 않았다. 강일이의 말이 계속 이어졌다.

"샤넬에서 우산을 팔았대. 샤넬이라면 최고의 패션 브랜드잖아. 비싼 것도 최고고 말이야. 그런데 우산에 대해 설명해주는 점원이 비가 조금 올 때는 괜찮지만 많이 오는 날은 쓰지 말라는 거야. 비가 샐 수 있다는 거지. 우산을 예쁘게 만들려고 방수 처리를 완벽하게 하지 않았으니 조심하라고. 그런데도 사람들은 그 우산을 갖고 싶어 했어."

강일이의 말에는 여러 의미가 담겨 있는 듯했다. 강일이는 이렇게 결론을 냈다.

"이렇듯 브랜드 제품을 구매하는 것이 언제나 최고와 최선의 선택이라고는 할 수 없어. 그래도 우리가 브랜드 점퍼를 입으려고 하는 건 우리가 원하기 때문이야. 원하는 것을 얻으려고 하는 건 인간이 가진 본능일 수 있잖아? 그걸 뱀파이어라고 말하며 반대만 한다면 그 속에 우리의 욕구와 마음에 대한 고려는 하나도 없는 거야. 우리가 원하는 욕구를 무시하는 거라고. 우리에게도 하고 싶다, 하기 싫다는 감정이 있어. 그런데 그렇게 말하며 못 하게 한다면 우리에게 아무 감정도 없는 기계가 되라는 거야?"

기계라는 말이 나왔을 때 아이들은 격하게 고개를 끄덕였다. 아이들은 평소에도 어른들이 자신을 공부하는 기계로 만들려 한다고 느끼고 있었다. 뭐든 어른들이 원하는 대로 움직이길 바라는 것에 진저리가 나 있었다. 중2병 어쩌고 하면서 겉으로는 무서워하는 척하고 뒤로는 더 강한 제재를 가하는 어른들에게 배신감을 느꼈다. 그래서 앞뒤가 다르고, 자기 생각만을 강요하는 어른들을

'꼰대'라 불렀던 거다.

"현수야, 어떻게든 네가 원하는 점퍼를 얻어내. 넌 기계가 아니잖아."

"맞아, 요즘은 맛있는 음식을 찾아다니며 먹는 사람들도 많잖아. 어차피 배고프지만 않으면 된다면 뭐하러 그런 짓을 하겠어. 사람은 원하는 것을 얻을 때 행복하기 때문이잖아."

"맞아, 맞아!"

아이들은 열렬히 현수를 응원했다.

"그리고 자식 이기는 부모 없다는 말도 있으니 해볼 만할 거야."

"사실 난 단식투쟁해서 점퍼 사준 거야. 너도 싸울 방법을 찾아봐."

"용돈을 아끼고 아르바이트를 해서 돈을 모아 사는 건 어때? 전단지 아르바이트 할 수 있는 데 알고 있는데."

아이들은 갖가지 의견을 내놓았다. 친구들의 응원은 현수에게 큰 힘이 되었다. 아빠와 맞서보겠다는 의지가 샘솟았고, 꼭 이겨야 할 이유가 생긴 것도 같았다. 현수는 두 주먹을 불끈 쥐었다.

'그래, 브랜드가 왜 뱀파이어야? 브랜드는 뱀파이어가 아니라는 걸 알려주겠어. 그래서 꼭 그 점퍼를 입고 말 거야.'

3장

썰전 제1라운드

브랜드가 만든 세상

    현수는 책에서 본 애플과 스티브 잡스에 대한 이야기를 꼼꼼하게 기록했다. 이 기록이 아빠를 무너뜨릴 무기가 되리란 걸 의심하지 않았다.

    "좋아, 스티브 잡스가 만든 브랜드는 세상을 바꿨어. 세상도 바꿨는데 아빠를 못 바꿀 리가 없지. 스티브 잡스, 잘 부탁해요."

    도서관을 나서자 날이 제법 어두워져 있었다.

    현수는 하늘나라에 있을 스티브 잡스를 향해 두 손을 모았다.

'브랜드가 뱀파이어라서 브랜드 점퍼를 사줄 수 없다고? 정말 그게 이유란 말이지? 너무 비싸서가 아니란 말이지?'

현수는 교복도 벗지 않은 채로 침대에 누워서 아빠가 했던 말들을 곱씹어보았다. 그리고 아빠가 내세운 반대 이유가 하나뿐이란 걸 찾아냈다. 비싸서 못 사준다고 했으면 친구들이 말했던 것처럼 용돈을 아끼고 아르바이트를 해서 돈을 모으는 것도 방법일 거다. 하지만 아빠의 반대 이유는 명확하게 한 가지였다.

'브랜드는 뱀파이어다!'

아빠는 내 자식이 브랜드의 굴레를 쓰지 않고 자유롭게 살기를 바란다고 말했다. 뱀파이어에 물려 어쩔 수 없이 뱀파이어가 되고, 다른 이를 뱀파이어로 만드는 것을 볼 수 없다고 했다. 그렇다면 현수의 대응 방법은 뚜렷해졌다.

"아빠에게 브랜드는 뱀파이어가 아니라는 걸 보여주면 되는 거야! 브랜드가 우리 삶에 얼마나 도움이 되는지 설명해서 아빠가 다시는 그런 말 못 하게 하겠어."

현수는 누구보다 아빠에 대해 잘 알고 있었다. 상호 씨는 꼼꼼하고 신중한 사람이었다. 잔소리를 자주 늘어놓지는 않아도 혼자서 요리조리 따져보는 것이 많은 사람이며, 그렇게 오랫동안 생각해서 내린 결론은 쉽게 바꾸지 않았다. 그래서 성격이 급한 엄마는 답답증을 호소할 때가 많았다. 현수는 이런 아빠의 성격을 파고들기로 했다. 따져서 생각하는 아빠에게 조목조목 브랜드의 효용을 설명하여 원하는 점퍼를 얻는 것이다.

현수는 침대에서 바로 일어나 앉아 '브랜드'라는 단어부터 인터넷에 검색해보았다. 무언가를 해내기 위해 처음부터 하나하나 준비하는 모습, 이건 상호 씨와 꼭 닮아 있었다.

브랜드 특정 제품 및 서비스를 식별하는 데 사용되는 명칭, 기호, 디자인 등의 총칭.

"허, 이거 생각보다 간단할 수도 있겠는걸?"

브랜드의 정의만 보았을 뿐인데도 현수의 얼굴이 환해졌다. 뭔가 한 가지는 뚜렷하게 이야기할 거리가 떠오른 것이다. 현수는 그밖에 아빠를 공략할 방법을 찾아내면 되리라 생각했다. 그러고 는 바로 아빠에게 문자를 보냈다.

> 아빠, 제가 아빠에게 브랜드 점퍼를 입어야 하는 이유에 대해 프레 젠테이션을 하면 어떨까요? 브랜드가 왜 필요한지 설명해드리고 싶어요.

현수는 꼬박꼬박 존댓말로 문자를 찍었다. 평소에는 부모님께 반말을 할 때가 많았지만 뭔가를 부탁해야 할 때는 나름 자식의 위치와 부모의 위치를 각인시키듯 존댓말을 썼다. 현수는 휴대폰 을 그대로 든 채 아빠의 답장을 기다렸다. 기다림의 시간이 초조 하게 흘러갔다.

> 프레젠테이션이라… 그거 기대가 되는걸? 기꺼이 들어보마. ^^

"야호!"

문자를 받은 현수는 환호성을 질렀다. 아빠가 괜한 짓 말라며 제안을 받아들이지 않았다면 현수의 계획은 시작도 못 하고 끝날 판이었다. 그런데 아빠는 기꺼이 듣겠다고 했다. 게다가 마지막에 달린 스마일 표시는 현수를 더욱 희망에 부풀게 했다. 현수는 브랜드에 대한 검색에 머물지 않고 관련 책을 찾아보기로 했다. 최초로 자발적인 도서실 나들이에 나섰다.

도서관에서 만난 브랜드, 그리고 스티브 잡스

경제 서적 쪽으로 가니 브랜드란 이름을 단 여러 책들이 보였다. 현수는 읽기 편한 것, 제목이 흥미로운 것을 몇 권 골라서 자리에 앉았다.

'뭐야, 이건 너무 어려운걸.'

'호, 이건 꽤 흥미로운데.'

현수는 빠르게 여러 권의 책을 훑어보았다. 목차를 먼저 살피고, 머리말을 읽고, 책의 첫 장을 읽어보면 좀 더 읽고 싶은 책과 그렇지 않은 책이 어느 정도 결정이 났다. 이게 바른 방법이란 확신은 없지만.

'책마다 애플과 스티브 잡스 이야기가 많은걸.'

현수는 자료 조사를 하면서 중요한 한 가지를 찾아낼 수 있었다. 브랜드에 대한 이야기를 할 때면 스티브 잡스와 애플의 이야기가 빠지지 않는다는 것이다. 2011년 스티브 잡스가 죽은 후 사람들은 스티브 잡스가 이룬 일들을 더 적극적으로 다루고 있었다. 그리고 그 의미를 되새기며 그의 죽음을 안타까워했다.

어린 시절의 스티브 잡스는 사고뭉치로 반항적인 학교생활을 했다. 대학도 가지 않겠다고 했다. 하지만 그의 양부모는 친부모와의 약속대로 반드시 아들을 대학에 보내야 했다. 스티브 잡스를 낳은 친모는 스티브 잡스의 입양 조건으로 양부모의 대학 공부를 꼽았다. 그런데 스티브 잡스를 입양하려는 사람들은 대학을 나오지 않았다. 스티브 잡스의 양부모는 반드시 아이를 대학에 보내겠다는 약속을 하고 스티브 잡스를 입양했다. 결국 그는 리드 대학의 철학과에 입학하게 된다. 대학에 들어온 스티브 잡스는 원하지 않는 수업까지 들으며 비싼 수업료를 내는 것이 불합리하다는 생각에 입학한 지 1년 만에 학교를 그만둔다. 더 이상 학생 신분이 아니었지만 그는 계속 대학에 남아 원하는 수업만을 찾아다니며 듣고 공부했다. 이때 배운 캘리그라피는 이후 애플 제품의 글씨체에 많은 영향을 주었다.

1976년 스티브 잡스는 스티브 워즈니악, 로널드 웨인과 함께 애플을 창립한다. 컴퓨터 천재라 할 수 있는 스티브 워즈니악이 기술적인 면을 맡고 스티브 잡스는 뛰어난 사업 수완을 발휘하여 개인용 컴퓨터를 대중화하는 데 앞장서게 된다. 하지만 애플의 성장 속에서 스티브 잡스는 자신이 만든 회사에서 쫓겨나는 놀라운 일을 겪게 된다. 독단적인 그의 성격이 회사에 걸림돌로 여겨진 것이다. 애플에서 쫓겨난 스티브 잡스는 픽사를 인수하여 우리가 열광했던 〈토이 스토리〉를 제작하는 등 여전히 뛰어난 사업가의 능력을 발휘한다.

한편 애플은 다시 스티브 잡스가 필요해진다. 결국 1996년 그를 다시 임시 CEO로 받아들이고, 애플로 돌아온 스티브 잡스는 세상을 바꾸는 일을 해나간다. 그 첫 번째는 음악 산업 전체를 뒤바꾼 아이팟과 아이튠즈를 선보인 것이다. 당시 뮤직 플레이어들은 하나같이 뮤직 라이브러리가 탑재되어 있었다. 그래서 기능이 복잡한 편이었다. 하지만 아이팟은 달랐다. 뮤직 라이브러리가 탑재되어 있지 않았고, 음악을 편하게 들을 수 있도록 단순한 기능만 담았다. 음악을 찾고 내려받는 것은 아이튠즈의 몫으로 삼았다.

당시에는 음원 불법 복제가 판을 치고 있었다. 음악가들은 저작권 보호를 받기 위해 소비자의 양심에 호소하고 불법 복제를 법으로 처벌하기도 했다. 하지만 복제는 사그라들지 않았다. 스티브 잡스는 불법 복제에 화를 내기는커녕 이렇게 말했다.

"불법 복제를 멈추고 싶다면 방법은 복제와의 경쟁일 뿐이다. 더 나은 제품을 공정한 가격에 제공하면 모든 것이 해결된다." — 2006년 〈뉴스위크〉 기사에서 아이팟과 더불어 문을 연 아이튠즈 스토어는 편리한 다운로드 시장을 만들어냈다. 이것은 불법 복제가 판치던 음악 산업의 모습을 바꾸는 사건이었다.

두 번째로 2007년 세상에 나온 아이폰은 스마트폰 시장을 바꾸어 놓았다. 사람들은 아이폰 덕분에 자판이나 터치펜 없이 손가락만으로 무엇이든 할 수 있었다. 손가락만으로 기계를 간단하게 조작한다는 것은 기계로부터 인간을 자유롭게 한다는 의미로 확장되었다. 게다가 아이폰의 뛰어난 화질과 음질은 디지털 카메라와 비디오, 오디오 등 여러 기기들의 역할을 대신했다. 광고에서처럼 사람들이 세상을 보고 꿈을 이루는 또 다른 통로 역할을 한 것이다. 또한 아이폰과 아이패드는 손안에 들고 다니는 컴퓨터로 직장 생활 깊숙이 자리 잡아 비즈니스 환경을 바꿔놓았다. 회사에서 주고받는 자료와 메일을 언제 어디서든 확인할 수 있었고, 영업을 위해 필요한 자료를 아이패드로 쉽고 간단하게 보여주며 설명할 수 있었다.

세 번째로 아이폰과 아이패드를 더욱 편리하게 사용할 수 있도록 다양한 앱이 만들어졌다. 아이폰의 앱스토어에는 처음 오백 개의 앱이 장착되었지만 이후 더 많은, 더 다양한 앱이 만들어져 사람들의 선택을 받았다. 이것은 누구나 앱 개발자가 될 수 있게 했고, 앱으로 돈을 벌게 만들었다. 세계 IT 환경에 큰 변화를 준 것이다.

현수는 책에서 본 애플과 스티브 잡스에 대한 이야기를 꼼꼼하게 기록했다. 이 기록이 아빠를 무너뜨릴 무기가 되리란 걸 의심하지 않았다.

"좋아, 스티브 잡스가 만든 브랜드는 세상을 바꿨어. 세상도 바꿨는데 아빠를 못 바꿀 리가 없지. 스티브 잡스, 잘 부탁해요."

도서관을 나서자 날이 제법 어두워져 있었다. 현수는 하늘나라에 있을 스티브 잡스를 향해 두 손을 모았다.

썰전 제1라운드

며칠 후, '브랜드 점퍼 구하기 프로젝트'가 본격적으로 가동되었다. 현수는 지금까지 준비한 내용을 간단하게 정리해서 안내서를 만들었다. 강력한 무기는 자신만 지녀야 했으므로 안내서는 안내 기능만 할 수 있을 정도의 간단한 내용만 담았다.

> 브랜드는 뱀파이어가 아니다!
> 1. 브랜드가 없다면?
> 2. 브랜드가 바꾼 세상

저녁 식사를 마치고 엄마와 아빠는 소파에 앉아서 현수를 기다렸다. 브랜드 점퍼를 사달라더니 프레젠테이션을 하겠다는 아들의 생각이 내심 기발하다고 여기고 있었다. 부모란 사람들은 자식이 자신의 말을 거역할 때 화를 내기도 하지만 자신을 뛰어넘어서기를 기대한다. 그래야 더 큰 사람이 되고 온전한 독립체가 될 것이기 때문이다. 상호 씨도 마찬가지였다. 철없이 마냥 점퍼를 사달라고 졸랐다면 상호 씨는 현수의 말을 들어주려 하지 않았을 것이다. 하지만 현수가 프레젠테이션을 해보겠다고 하니 기특한 마음이 들었다. 아들이 자랐다는 것이 느껴졌다.

그렇다고 프레젠테이션의 결과를 미리 예측해선 곤란하다. 시도가 신선했다는 것, 아들이 자란 것이 뿌듯하다는 건 이 프레젠테이션을 허락한 선에서 끝나야 한다. 상호 씨는 현수의 말을 곧이곧대로 들어주려는 맘이 전혀 없다. 아들이 프레젠테이션으로 정당한 평가를 받겠다고 했으니 상호 씨 역시 정당하게 생각을 해볼 생각이다.

"흐음, 지금부터 '브랜드는 뱀파이어가 아니다'는 주제로 프레젠테이션을 시작하겠습니다."

현수가 평소와 다른 공적인 말투로 프레젠테이션의 시작을 알렸다. 상호 씨와 경미 씨는 박수로 아들을 응원했다. 현수도 꾸뻑 인사를 했다.

"저, 저기요. 그거 있어요?"

"아, 뭐요?"

"그거 마시는 건데."

"물이요?"

"아니, 물보단 달콤하고 뿌연데요."

"그럼 요구르트요?"

"아니 그것보단 커요."

"크다? 그럼 요구르트를 두 병 마시면 될 거 아니요."

현수는 혼자서 상황극 연기를 했다. 한 번은 손님이 되었다가 다른 한 번은 가게 주인이 되어 대화를 이어갔다. 그 모습은 〈개그콘서트〉나 〈코미디빅리그〉를 보는 것처럼 재미가 있었다. 경미 씨는 그 모습을 깔깔대며 보았다. 아들이 그런 연기를 하니 오죽이나 재미있겠는가. 상호 씨도 경미 씨만큼은 아니지만 웃는 얼굴로 현수의 연기를 보았다.

"그러지 말고, 이런 것 없어요? 달콤하면서 톡 쏘는 맛도 나거든요."

현수는 다시 손님이 되어 물건의 설명을 덧붙였다. 그리고 가게 주인 역할이 되어서는 연신 고개를 갸웃거리며 답답한 표정을 지었다.

"글쎄, 그게 뭘까요?"

"그게 탄산수를 못 먹는 애들도 먹고, 아무튼 애들이 아주 좋아하거든요."

"아하! 탄산소다 말하는 거군요."

"맞아요. 그런데 내가 원하는 탄산소다가 따로 있지요. 너무 달지 않고 심하게 독 쏘시 않는 맛이 있던데……"

탄산소다를 겨우 맞춘 주인 입장에서는 같은 탄산소다라도 그 맛이 조금 다르다는 걸 설명하는 손님이 까다로웠을 것이다. 현수는 가게 주인 역할이 되어 버럭 화를 내고 만다.

"아이고, 다른 데 가서 사세요. 당신이 원하는 물건이 뭔지 난 모르겠소."

가게 주인이 된 현수는 손님을 내모는 듯한 행동까지 했다. 상호 씨와 경미 씨는 현수가 무엇을 말하려고 하는지 알 것 같아 고개를 끄덕였다.

"지금 손님이 원하는 제품이 뭔지 아시겠어요?"

"밀키스?"

현수의 물음에 경미 씨가 답했다.

"딩동댕! 맞아요."

정답이라는 말에 경미 씨는 퀴즈 대회라도 나온 듯 좋아했다.

"음료수에 밀키스라는 브랜드가 없었다면 우리는 이런 상황을 겪었을지 몰라요. 그렇죠?"

현수는 정답을 맞히고 좋아하는 엄마에게 호응을 바라며 물었다. 경미 씨는 기분 좋게 고개를 끄덕였다. 현수는 본격적인 설명에 들어갔다.

"오늘날 대부분의 물건에는 브랜드가 있기 때문에 우리는 이런 불편함을 겪지는 않아요. 자신이 원하는 음료의 종류가 탄산소다라는 걸 몰라도 제품의 브랜드 이름만으로 원하는 것을 찾을 수 있지요. 하지만 브랜드가 없던 옛날에는 꽤 불편했을 거예요. 쓰던 물건을 또 사기 위해서는 항상 가는 가게에서 물건을 사거나 한 사람의 장사꾼만 찾아가야 했지요. 하지만 물건에 브랜드가 달리면서 우리는 브랜드만 보고도 원하는 것을 살 수 있게 되었지요. 브랜드만 같다면 누구에게 사든 어디에서 사든 상관없어졌지요. 그래서 전화나 인터넷으로 편리하게 물건을 사는 일도 가능해졌고요. 섬에 살아도 쇼핑센터가 멀어도 큰 문제가 없고, 몸이 불편해서 물건을 사러 나갈 수 없을 때도 간단하게 그 문제를 해결할 수 있지요. 이렇게 브랜드는 우리를 편하게 해줬어요. 우리의 선택을 도와주었죠."

현수는 브랜드가 없는 상황극을 통해 브랜드의 편리함을 어필했다. 상호 씨도 경미 씨도 아들의 설명에 고개를 끄덕였다.

힘을 얻은 현수는 두 번째 이야기를 바로 이어가겠다며 자기방으로 들어갔다.

현수는 재빨리 옷을 갈아입고 엄마, 아빠 앞에 섰다. 검은색 폴라 티셔츠에 헐렁한 청바지를 입고 나타난 것이다.

"어, 저건?"

현수를 보고 상호 씨가 놀란 눈이 되었다.

"왜?"

"녀석, 스티브 잡스처럼 입고 나왔잖아."

상호 씨의 말에 경미 씨도 그제야 눈치를 채고 웃음을 터트렸다.

"하하, 정말."

엄마, 아빠의 수군거림에도 아랑곳하지 않고 현수는 곧바로 프레젠테이션을 이어갔다. 프레젠테이션의 신이었다는 스티브 잡스를 코스튬 플레이(costume play)* 하는 듯 말이다.

"브랜드가 세상을 바꿨다는 걸 아시나요?"

복장으로 시선을 끈 현수가 이번에는 강렬한 질문을 통해 청중인 아빠와 엄마의 주의를 완벽하게 잡아끌었다. 영리한 시작이었다. 긴 설명을 이어가야 하기 때문에 이런 장치가 꼭 필요했다.

"앨빈 토플러*는 일찍이 제3의 물결을 이야기했어요."

🛍 코스튬 플레이는 '복장'을 뜻하는 코스튬(costume)과 '놀이'를 뜻하는 플레이(play)의 합성어. 일본어로 '코스프레(コスプレ)'라고도 한다. 영국에서 죽은 영웅들을 추모하는 뜻의 예식으로 시작됐는데 일본으로 건너가면서 만화나 게임의 캐릭터, 연예인 등을 따라하는 놀이 문화로 발전했다. 의상을 직접 만들어 입는 것은 기본이고 헤어스타일부터 말투, 몸짓을 흉내 내기도 한다.

"우와!"

현수의 입에서 앨빈 토플러가 나오자 엄마, 아빠에게서 방청객 리액션이 나왔다. 현수는 예상했던 결과라는 듯 여유롭게 설명을 이었다.

"인류는 몇 번에 걸쳐 큰 변화를 겪었어요. 첫 번째가 농업혁명이었고, 두 번째는 산업혁명, 그리고 세 번째가 앨빈 토플러가 말한 제3의 물결, 지식 혁명이에요. 지식이 세상에 큰 변화를 가져오는 것이지요. 이런 세상에서는 신용카드의 사용, 업무의 전산화, 우주 산업, 유전자 산업 등이 눈부시게 발전할 거라고 예상했지요. 지금 우리가 살고 있는 세상인 거예요."

현수의 물 흐르듯 막힘없는 설명에 경미 씨와 상호 씨는 놀란 입을 다물지 못했다. 우리 아들이 저렇게 똑똑했단 말인가? 경미 씨는 가슴이 벅차오를 지경이었다.

그런데 이것 역시 현수의 기막힌 작전 중에 하나였다. 앨빈 토플러는 논술 수업에서 배운 내용이었다. 이것을 프레젠테이션에 이용한다면 엄마와 아빠는 자신을 똑똑하게 보고, 자신의 말을 더

🛍️ 앨빈 토플러는 미국의 저명한 미래학자로 1980년에 출간된 대표작 『제3의 물결(The Third Wave)』에서 인류가 제1의 물결인 농업혁명, 제2의 물결인 산업혁명을 거쳐 제3의 물결인 정보화혁명으로 가고 있다고 예견해 세계적인 명성을 얻었다. 디지털혁명, 정보통신혁명, 사회혁명, 기업혁명 등에 관한 저작을 통해 현대 사회에 대한 날카로운 통찰력을 인정받고 있다.

믿어줄 것이라 생각했다. 부모란 사람들은 그저 공부라면 껌뻑 죽으니까. 현수는 더욱 기세를 올렸다.

"그런데 오늘날은 앨빈 토플러의 예상을 뛰어넘는 변화를 겪고 있어요. 그건 애플이란 브랜드 때문이지요."

드디어 본격적인 이야기가 시작되는 듯했나.

"지금 제 모습을 보고 떠오르는 인물이 있을 겁니다."

"스티브 잡스!"

이번에도 경미 씨가 맞혔다.

"예, 맞아요. 애플의 창시자죠. 스티브 잡스는 과학과 인문학을 접목한 대표적인 사람이에요. 과학이 무엇인지는 잘 아실 테고, 인문학은 간단하게 인간을 이해하는 학문이라고 할 수 있지요. 스티브 잡스는 늘 기술만으로는 부족하다고 말했어요. 인간을 고민하는 인문학의 중요성을 강조하며, 소크라테스와 한나절을 보낼 수 있는 기회가 주어진다면 애플의 모든 기술을 내놓겠다고 말할 정도였지요. 자신이 하려는 것은 과학과 인문학의 중간에 있으며 애플은 과학 기술과 인문학의 교차점에 위치해 있다고요."

얼마나 연습을 한 건지 현수의 설명은 막힘이 없었다. 가히 스티브 잡스 코스튬 플레이라 할 만했다.

"스티브 잡스의 이런 말들은 아이폰과 아이패드가 증명하고 있어요. 아이폰과 아이패드를 보면 과학과 인문학이란 두 가지 요소가 결합되어 있다는 걸 알 수 있기 때문이지요."

현수는 준비해두었던 아이패드를 들어 보였다. 실물을 준비하는 것은 말만 하는 것보다 훨씬 효과가 있었다. 현수는 아이패드를 몇 번 터치하여 인터넷 창을 열어 보였다.

"기계는 인간에게 꼭 필요하지만 한편으로 인간은 기계로부터 자유롭고자 하는 욕망을 가지고 있어요. 커다란 컴퓨터 앞에 앉아야만 일을 할 수 있는 현대사회에서 이런 욕망은 어쩌면 당연하지요. 스티브 잡스는 이런 욕망을 이루고자 노력했어요. 그래서 아이폰을 만들고 아이패드를 만들었지요. '컴퓨터를 거추장스럽지 않고 편리하게 사용할 수 없을까' 하는 고민을 해결한 거예요. 언제 어디서건 빠르고 간편하게 컴퓨터를 이용함으로써 드디어 인간이 기계로부터 자유로워진 거예요."

현수의 흥미진진한 설명에 경미 씨와 상호 씨는 폭 빠져 있었다. 현수는 준비한 내용을 쉼 없이 이어갔다.

"그뿐만이 아니에요. 아이폰과 일반 스마트폰의 광고를 비교해보면 아이폰이 추구하는 세상은 조금 다르다는 걸 알 수 있어요. 지금은 많이 달라지긴 했지만 초기 스마트폰의 광고는 기계의 기능을 자랑하는 것이 전부였어요. 이 스마트폰은 이것도 되고 저것도 된다는 식이었지요. 하지만 아이폰은 달랐어요. 아이폰 광고에는 사람과 사람이 소통하고 사랑을 나누는 모습이 담겼지요. 과학이 인간을 더욱 인간적이게 만들어주고 있음을 보여주며 과학이라는 영역에서 인간의 감정과 관계를 더욱 고민하게 했어요. 그래서 사람들은 애플이란 브랜드의 아이폰과 아이패드에 열광했지요. 아이폰과 아이패드의 사용은 자연스럽게 생활의 변화를 가져왔고, IT 산업의 전반적인 모습도 변화시켰어요."

현수는 노트에 꼼꼼하게 정리해두었던 애플이 변화시킨 음악 산업, 비즈니스 및 IT 환경, 생활 모습 등을 세세히 설명했다. 그리고 이렇게 정리했다.

"스티브 잡스의 창의적인 생각이 담긴 브랜드는 새로운 21세기를 만들었어요. 이렇게 브랜드는 세상을 바꾸는 힘을 가지고 있지요. 결코 꺼리고 멀리해야 할 존재가 아닌 거죠. 뱀파이어는 더더욱 아니고요. 이상으로 프레젠테이션을 마치겠습니다."

현수는 특히 뱀파이어가 아니라는 대목에 힘을 주어 말했다.

현수의 프레젠테이션이 끝나자 경미 씨와 상호 씨는 있는 힘껏 박수를 쳤다. 급기야 경미 씨는 자리에서 일어나 박수를 쳤다. 이 순간 경미 씨는 아들 현수가 정말로 자랑스러웠다. 점퍼를 열 개라도 사주고 싶은 마음이었다. 하지만 상호 씨는 달랐다.

"정말 훌륭한 프레젠테이션이었어. 하지만 지금 내용만으로는 브랜드 점퍼를 사야 할 이유를 모르겠는걸."

상호 씨는 현수에 맞서 선전포고를 하듯 말했다.

"스티브 잡스의 애플이 세상을 바꾼 브랜드 중 하나라는 건 많은 사람들이 인정하는 부분이야. 그런데 애플의 광고 중에는 '다르게 생각하라'라는 글귀가 있었어. 알고 있니?"

아빠의 기습적인 질문에 현수는 답을 하지 못했다. 상호 씨는 현수의 답은 애초부터 기대하지 않은 것처럼 말을 이었다.

"애플 브랜드의 성공은 다르게 생각하는 것에서 시작되었지. 그래서 사람들은 애플에 열광했던 거야. 애플이 세상을 바꿀 수 있었던 이유도 여기에 있고. 다르게 생각하라는 건 창의적인 생각을 가지라는 뜻일 거야. 그런데 넌 지금 친구들이 입는 최신 유행하는 점퍼를 사달라는 뜻에서 스티브 잡스와 애플을 이야기하고 있어. 아빠는 뭔가 앞뒤가 맞지 않는다는 생각이 드는구나."

상호 씨의 말에 현수에게 당장 점퍼를 사주자고 하려던 경미 씨의 마음도 혼란스러워졌다. 세상을 바꾼 브랜드로 애플을 설명한 것은 너무 잘한 일이라고 생각했는데 남편의 말을 듣고 보니 유행만 쫓는 행동은 스티브 잡스의 브랜드 정신과는 맞지 않았던 것이다.

"프레젠테이션의 첫 시작으로 브랜드의 편리성을 다뤘는데 아빠는 이참에 네가 브랜드의 시작에 대해 한 번 생각해봤으면 좋겠구나."

기쁨의 여운은 짧지만 슬픔의 여운은 길다고 했던가. 현수가 느낀 기쁨과 환희는 아빠의 말 한마디로 너무나 짧게 끝이 났다. 현수의 얼굴은 굳어졌다. 어쩐지 다시 전장에 나서는 군인이 된 것 같은 기분이 들었다.

상호 씨는 현수를 의자에 앉히고 이야기를 이어갔다.

"현수야, 브랜드의 어원이 뭔지 아니?"

"아뇨."

"브랜드란 말은 옛날 스칸디나비아 말인 브란드(brandr)에서 시작되었단다. 브란드는 불로 지진다는 뜻이야. 일정한 모양으로 노예의 몸을 지져서 자신의 소유임을 나타낸 거야. 자신이 키우는 가축에 문양을 찍듯이 사람에게 그런 거지. 이런 낙인은 다양하게 이용되었어. 죄인에게도 방랑자나 집시에게도 탈영을 한 군인에게도 사용되었지."

"어머, 너무했다."

경미 씨가 안타까워하며 말했다. 현수도 사람의 몸을 불로 지져서 낙인을 찍는다는 말에는 절로 몸서리가 쳐졌다.

"그 시대 사람들에게는 당연한 듯 보였겠지만 오늘날 인권을 바탕으로 보았을 때 브랜드의 시작은 추악하기 이를 데 없지."

상호 씨는 이 분위기에 편승하여 브랜드를 강력하게 비난했다. 그러고는 다시 이야기를 이어갔다.

"아무튼 브랜드가 가진 처음 의미는 'Keep your hands off' 즉

'손대지 마!'였지. 자기 소유의 재산임을 낙인을 통해 보여줌으로써 경계하라는 의미를 가졌던 거야. 그렇게 사람과 가축에게 사용되던 낙인은 이후 물건으로 옮겨갔어. 도예공은 자신이 만든 도자기에, 빵 만드는 사람은 자신이 만든 빵에 고유 표식을 하곤 했지. 이것이 물건의 상표인 브랜드로 발전한 거야. 1870년에 이르러서 미국과 유럽에서는 고유 브랜드에 상표 등록을 하는 제도까지 마련되었지. 시간이 흐르면서 브랜드는 더 이상 '손대지 마'의 의미가 아니라 '나를 선택해'라는 의미가 되어간 거야."

현수는 브랜드의 역사에 대한 아빠의 이야기를 꽤 흥미롭게 듣고 있었다. 아빠를 설득해야 하는 것을 잠시 잊었던 것이다.

진정한 공격수는 상대가 방심하는 순간을 놓치지 않는 법이다. 상호 씨는 자신의 말에 귀 기울이는 현수를 향해 두 번째 반박을 시작했다.

"브랜드가 세상에 영향을 미치는 것은 분명해. 그런데 네가 말한 의미와는 다르게 브랜드는 사회에 계층과 계급을 만드는 역할을 하지. 역사를 살펴보면 사람들은 자유와 평등을 얻기 위해 피나는 노력을 했어. 역사 속 수많은 시민 혁명은 인간 사이의 계급을 깨부수려는 시도였지. 1789년에 일어난 프랑스 혁명은 장장 십 년 동안 이어졌어. 그 시간 동안 이십만 명이나 되는 귀족들이 단두대에서 사라졌지. 하지만 귀족 계급은 여전히 사라지지 않고 군림했어. 이후 정치 철학자 마르크스가 노동자들의 힘을 모아서 혁명을 일으키고, 다시 1차 세계대전이 벌어진 이후가 되어서야 귀족 계급이라는 것이 그나마 사라졌지. 그래서 역사학자들은 19세기를 프랑스 혁명이 있던 1789년부터 1차 세계대전이 끝나는 1918년까지로 나누기도 해. 19세기의 특징이 귀속과 시민의 갈등이었기 때문이지. 그런데 브랜드의 유혹은 그 노력을 헛되게 만들고 있어. 고생고생해서 계급을 타파했는데 브랜드가 다시 계층과 계급을 만들고 분리해내기 때문이지. 사람들은 이런 브랜드의 음모에 뒤처질까 바쁘고 말이야. 요즘 명품이라 불리는 브랜드는 좀 다르다며? 아주 돈이 많은 사람들 사이에서 유행하는 명품은 보통 사람들은 그 이름조차 모르는 것들이래. 누구나 루이뷔통 가방을 들고 다니니까 명품 세계가 더 세분화되면서 그들만 아는 명품들이 생겨나는 거 아닐까? 그래야 더 확실하게 구분될 수 있으니까. 아마 브랜드는 계속해서 이런 모습을 만들어낼 거야. 그래서 아빠는 네가 그 힘에 휘둘리지 않았으면 좋겠다고 말하는 거고."

뱀파이어라는 말은 하지 않았지만 결국 아빠는 브랜드가 뱀파이어라는 말을 하고 있는 것이었다. 게다가 이번에는 꽤 구체적으로 이야기했다. 그건 현수가 전처럼 자리를 박차고 일어나지 않아서이기도 했다.

"유명 스포츠 브랜드의 회장이 이런 말을 했다는구나. '물건을 만드는 일은 더 이상 아무런 가치가 없다'고. 이 말 속에는 브랜드라는 가치가 중요하다는 의미도 있을 테지만, 말 그대로 물건을 만드는 건 자신들이 할 일이 아니라는 뜻이기도 하지. 실제로 이 스포츠 브랜드의 제품은 모두 다른 나라에서 만들어지고 있어. 남미, 동남아 등의 가난한 나라에 공장을 두고 있지. 가난한 나라의 값싼 노동력을 제품을 만드는 데 이용하는 거야. 그런데 앞서 회장이 물건을 만드는 건 그들의 몫이 아니라고 했듯이 그들은 실제 제품을 만드는 사람들을 자신들과 같은 사람들로 여기지 않았어. 그러니 어떤 일이 벌어지겠니? 앞에서는 화려하고 멋진 제품을 내놓으면서 뒤로는 가난한 사람들의 노동력을 착취하고 있었던 거야. 물론 공장이 지어진 동남아나 남미 지역 등은 물가가 싸서 브랜드를 가진 나라보다 임금이 싼 게 분명해. 그런데 문제는 거기에서 멈추지 않아. 이 브랜드 공장에서 이뤄진 악랄한 생산 방법이야."

'악랄한'이란 말을 하는 상호 씨의 얼굴이 찡그러졌다. 공장 노동자들의 어려움을 상상하고 있는 모습이었다. 현수는 진지하게 아빠의 이야기를 듣기 시작했다.

"1990년대 승승장구하던 이 기업은 뜻하지 않는 보도로 숨겨두었던 뒷모습을 들키게 되지. 한 꼬마 아이가 이 브랜드의 축구공을 꿰매고 있는 거야. 늘 아이들에게 꿈과 희망을 준다며 광고

방글라데시의 의류 공장에서 일하는 사람들

했는데 정작 꿈과 희망을 갖고 뛰어 놀아야 할 아이가 고사리 손
으로 축구공을 만들고 있었던 거야. 사람들은 그 사진을 보고 충
격을 받았지. 더 많은 이윤을 남기려다 보니 값싼 어린아이의 노
동력까지 착취한 거야."

상호 씨의 설명은 계속 이어졌다.

"얼마 전 방글라데시에서 큰 참사가 있었단다. 옷을 만드는 건
물이 붕괴되어 죽거나 다친 사람이 천 명이 넘었어. 또 유명 마트
에 납품하는 옷을 만들던 공장에서 불이 나서 백여 명이 죽거나
다쳤지. 공장 주인이 밖에서 문을 잠그고 일을 시켜서 사상자의

수가 더 컸던 거야. 그런데 이런 사고는 처음이 아니었어. 파키스탄의 공장에서도 화재 사고로 많은 사람이 죽었고, 또 어떤 공장은 유독 가스가 기준치보다 한참 높게 방출되어서 노동자의 생명과 건강을 위협했어. 노동 착취와 참사는 왜 계속 이어지고 있는 걸까?"

상호 씨는 현수를 보며 물었다. 그리고 다시 현수를 보며 이야기했다.

"아까 스포츠 브랜드의 회장이 이야기했다는 말 속에 답이 있단다. 브랜드 기업들은 브랜드만 키우면 큰돈을 벌 수 있다고 생각했고, 실제로 그런 경제 구조를 만들었어. 회장이 말한 대로 이 회사는 광고와 디자인, 마케팅 이외의 모든 생산은 다른 나라의 공장에서 했어. 공장을 두는 것이 거추장스런 일이 된 거야. 기업의 공장을 두지 않고 외부 공장을 이용하면 언제든지 생산 단가가 싼 공장을 선택할 수 있어서 더 많은 이익을 낼 수 있었기 때문이지. 이건 세계 고용 시장의 틀도 바꾸는 일이 되었지. 예전에는 미국에도 물건을 만드는 공장이 많이 있었어. 기업은 이 공장의 문을 닫아버리고 노동력이 값싼 동남아와 남미에 있는 공장을 찾아갔어. 미국의 노동자들은 일자리를 잃었지만 다른 지역의 노동자들이 일자리를 찾았다고 설명했지. 하지만 그건 사실이 아니야. 기업이 책임져야 할 노동자를 사라지게 한 거지. 그들은 하청 공

방글라데시의 의류 공장이 붕괴된 현장의 모습

방글라데시의 의류 공장 붕괴에 관한
보도자료

장들과 계약할 뿐이었어. 하청 공장에서는 그 브랜드의 제품을 만들지만 그 기업의 공장은 절대 아닌 거지. 그러니까 기업에 공장 노동자에 대한 책임은 없는 거야. 그래서 공장에서 사고가 일어나면 '우리는 아무도 고용한 적이 없다'고 말하며 책임을 회피했지. 계약대로 한다면 그 노동자들은 하청 공장의 직원일 뿐 브랜드 기업의 직원이 아니었으니까. 그런데 이게 다가 아니야. 브랜드를 가진 기업들은 하청 공장들 사이에 경쟁을 부추겼어. 더 싸게 물건을 제공해줄 하청 공장이 있다면 언제든지 공장을 바꾸려 했지. 그렇지 않아도 싼 가격인데 더 싸게 제품을 공급 받고 싶었던 거야. 결국 하청 공장은 더 싸게 물건을 만들어 기업에 팔기 위해 노동자들을 괴롭혔어. 화장실도 자유롭게 가지 못하게 했고, 근무시간을 마구 늘리며 휴일도 주지 않았어. 그렇다고 월급을 많이 준 것도 아니야. 임금을 깎아야 제품의 원가가 싸지니까. 또 공장 비용을 줄이기 위해 화장실도 충분히 만들지 않았고, 기본적인 화재 감지 시설이나 스프링클러*도 만들지 않았지."

현수는 자기도 모르게 긴 한숨이 새어 나왔다.

"현수, 너 축구공 좋아하지?"

🛍 건물의 천장에 설치하며, 화재 발생 시 일정 온도 이상이 되면 자동적으로 물을 뿜는 소화 장치. 비용 등의 문제로 스프링클러를 설치하지 않거나 배관이 절단된 상태로 수년간 방치하는 등 여러 브랜드 공장의 소방시설 부실 관리가 문제되고 있다.

아빠의 물음에 현수가 가만히 고개를 끄덕였다. 축구공을 좋아해 다양한 브랜드의 축구공을 가진 것도 모자라 더 사고 싶어 했던 것이 잘못처럼 느껴졌다.

"축구공 공장에서 일하는 사람들은 너보다 어린아이들이었단다. 사람들은 축구공을 가지고 뛰어놀아야 할 아이들이 축구공을 만드는 데 내몰린 상황을 보며 그 스포츠 브랜드의 불매운동까지 벌였어. 정말 인기 최고의 스포츠 브랜드인데 말이야."

상호 씨는 다시 예전 이야기를 하나 시작했다.

"한때 많은 물건이 메이드 인 코리아(made in Korea)였다는 거 알고 있니? 우리도 방금 이야기한 방글라데시, 파키스탄과 비슷한 상황이었어. 식민지에 전쟁까지 치렀으니 우리나라는 세계에서 손꼽히는 가난한 나라였지. 그때 필리핀이 우리나라를 도와준 일도 있어. 가난한 우리는 돈이 되는 일은 무엇이든 하겠다는 자세였단다. 그걸 이용한 건 값싼 노동력을 필요로 했던 외국 기업과 그 외국 기업의 하청업을 맡은 몇몇 공장의 사장들이었지. 청계천의 공장들은 불이 꺼질 줄 몰랐단다. 사람들은 일어서기도 힘든 공간에 앉아서 밤늦도록 재봉틀을 돌렸지. 화장실을 가는 것도 자유롭지 못할 정도였어."

현수는 방송에서 보았던 청계천 공장의 모습을 떠올렸다. 그러자 책으로 읽었던 전태일* 열사도 떠올랐다. 아니나 다를까, 아빠도 전태일 열사의 이야기를 했다.

"현수도 전태일 열사는 잘 알고 있을 거야. 노동력은 신성한 거란다. 브랜드만 가치가 있는 게 아니지. 요즘 상황을 보면 가치가 있어서 비싼 것이 아니라, 비싼 것이 가치 있다는 식인 것 같아. 비싼 브랜드라고 무조건 가치가 있고 좋다는 생각은 바꿨으면 좋겠구나."

현수는 가만히 고개를 끄덕였다. 아빠의 이야기에 더 이상 반격할 수가 없었다. 현수도 공장 노동자들의 고통에 가슴이 아팠으므로.

전태일 열사는 1970년 11월 서울 청계천 평화시장 노동자들의 열악한 근로조건 개선을 위해 분신한 노동운동가. 그의 죽음은 산업화 과정에서 최소한의 법적 보호도 받지 못한 채 저임금 장시간 노동에 시달리던 노동자들의 어두운 현실을 돌아보게 하는 커다란 계기가 되었다.

4장

썰전 제2라운드

착한 뱀파이어의 등장

"이건 다윗과 골리앗의 싸움인걸."

누나는 현수를 안됐다는 눈으로 바라봤다. 그 눈빛에는 동정과 함께 아빠를 이길 수 없으니 포기하라는 뜻도 담겨 있었다.

현수는 성경에 대해서는 잘 모르지만 그것만은 알고 있었다.

다윗이 골리앗을 이겼다는 것.

"누나, 뭐 좋은 방법 없어? 나 좀 도와주라."

막내 현수의 애교는 누나의 마음을 흔들었다.

중2들은 너무 모른다. 자신들이 얼마나 매력적이고 귀여운 존재들인지.

"좋아. 이걸로 아빠를 한번 공략해봐."

누나는 결심한 듯 노트에 쓰기 시작했다.

"착한 뱀파이어 — 굿네이버스, 아름다운 가게, 탐스, 빅이슈……."

"왜 이렇게 힘이 없냐?"

가만히 책상에 엎드려 있는 현수를 보고 태지가 다가와 물었다.

"그냥."

"왜 그래? 엄마한테 혼났냐?"

"넌 아직도 엄마한테 혼나면 그러냐?"

"응, 울지. 흑흑."

태지가 풀 죽은 현수를 위로하려는 듯 우는 시늉을 하며 우스운 짓을 했다.

"꺼져, 자식아."

현수는 그런 태지의 모습에 겨우 웃음기를 띠었다.

"자, 이 형님한테 털어놔 봐."

다시 진지한 얼굴로 태지가 말했다.

답답했던 현수는 태지에게 지난 일들을 이야기했다. 자신이 브랜드 점퍼에 애타하는 걸 태지가 이해하지 못할 것 같아 그동안 하지 않았던 이야기를 한 것이다.

"그런 일이 있었구나. 열심히 준비했을 텐데 힘이 빠지겠네."

태지는 단짝 친구답게 먼저 현수의 마음을 헤아려주었다. 그리고 아프지만 현실적인 조언도 빼놓지 않았다.

"너희 아버지는 어른이고 우리보다 아는 것도 훨씬 많으시니까 쉽지는 않겠다. 생각을 바꿔보는 건 어때? 브랜드 점퍼를 꼭 입어야 하는 건 아니잖아."

"너 같은 환경꾼이 어떻게 내 맘을 이해하겠냐. 난 너처럼 물질에 초연하지 않다고."

현수의 말에 태지가 고개를 끄덕였다. 둘은 서로 다름을 인정하는 단짝이었기 때문이다.

"그럼, 작전을 좀 바꿔야 하지 않을까?"

태지가 포기하라는 말 대신 작전을 바꿀 것을 조언했다. 태지의 말에 현수는 고개를 끄덕였다.

"아무래도 그렇지? 나도 그래야 하지 않을까 싶어."

현수는 긴 숨을 내쉬었다. 야심차게 준비했던 프레젠테이션의 실패는, 그것도 참패는 현수에게 쓰디쓴 것이었다.

* * *

"엄마, 나 용돈 좀 올려주면 안돼요?"

현수가 한껏 불쌍한 얼굴이 되어 말했다.

"뭐이?"

경미 씨는 용돈을 올려준 지 두 달도 되지 않아서 또 용돈 타령을 하는 아들에게 짜증부터 났다. 하지만 돌아본 현수의 얼굴은 불쌍함 그 자체였다. 그 모습에 경미 씨는 짜증을 냈던 그 순간을 지우고 싶었다. 늘 양은 냄비 끓듯이 너무 쉽게 끓어버린다는 남편의 말처럼 이번에도 너무 쉽게 화를 내고 말았다. 경미 씨는 그런 자신의 모습이 부끄러웠다.

가정 살림에 치여 사는 주부들 중에는 바이러스처럼 퍼지는 짜증 때문에 경미 씨처럼 스스로도 곤혹스러운 경우가 많다. 백만 스물두 가지(?)에 이르는 가정 살림살이를 혼자서 신경 쓰다 보면 힘에 부쳐 짜증이 났고, 그 짜증은 만만한 가족을 향하곤 했다.

"내가 말도 안 되는 걸 물었지."

익숙해졌기 때문일까? 엄마의 짜증스런 반응에도 현수의 표정은 별다른 변화가 없었다. 오히려 자신을 자책했다. 마음 약한 경미 씨는 더더욱 미안해졌다.

"왜 그래? 용돈이 많이 모자라?"

"아니, 그게 아니라. 돈을 좀 모아보려고."

"왜?"

돈을 모은다는 말에 경미 씨는 깜짝 놀랐다. 아이들이 돈을 모은다는 건 큰돈을 쓸 일이 있다는 건데, 그건 부모에겐 불길한 일이었다.

"그냥."

"그냥이라니? 이유가 있을 거 아니야?"

경미 씨는 재차 묻고 또 물었다. 하지만 현수는 쉽게 말할 기세가 아니었다. 경미 씨는 궁금증에 안달이 날 지경이었다.

"말해. 그러면 엄마가 용돈을 더 줄 방법을 찾아볼게."

경미 씨는 결국 현수의 말을 들어주겠다는 반 약속을 하고 말았다. 그제야 현수가 입을 뗐다.

"그 점퍼 사려고."

"뭐어?"

이번에도 경미 씨에게서 조금 전과 같은 반응이 나왔다. 그러자 이번에는 현수가 참지 못했다.

"엄마!"

현수의 목소리가 커진 것이다. 경미 씨는 또 자신이 경솔했다는 걸 알았다. 그래서 겨우 목소리 톤을 낮춰서 말했다.

"현수야, 아빠가 왜 안 되는지 차근차근 설명했잖아."

"엄마, 나도 설명했잖아. 브랜드가 세상을 어떻게 바꿨는지. 우리가 어떤 세상에 살고 있는지."

"그랬지. 그런데 너도 아빠 말씀 듣고 고개를 끄덕였잖아. 그러면 아빠 말을 따르겠다는 뜻 아니야?"

"그날 아빠의 말은 충분히 이해했어. 그래서 내가 돈을 모아서 사겠다는 거 아냐. 사달라지 않고."

현수는 프레젠테이션으로 아빠를 이겨보려 했지만 지고 말았다. 그래서 스스로 사는 것으로 방향을 바꾼 것이다. 하지만 경미 씨의 눈에는 방향을 찾은 것 같지 않았다.

"용돈 모아서 그 비싼 점퍼를 사겠다고? 아이고, 이놈아 정신 차려!"

"내가 뭘?"

현수는 볼멘소리로 엄마의 말을 받았다.

"네가 일 년 동안 용돈 하나도 안 쓰고 모아도 그거 못 사. 게다가 무슨 수로 용돈을 한 푼도 안 쓰고 살래? 친구들 다 가는 피시방은 안 가실 거야? 매점 귀신이 매점을 돌보듯 하실 거야? 밥 귀신이 컵밥집 앞은 어떻게 그냥 지나실 거야?"

엄마의 말은 구구절절이 옳았다.

"그러니까 엄마한테 도와달라는 거잖아. 나 용돈 좀 올려줘."

부탁을 하던 현수는 엄마의 말을 듣고 자신도 안 될 일이다 싶었는지 무조건 용돈을 더 달라며 떼를 썼다.

현수를 보는 경미 씨에게서 긴 한숨이 나왔다. 하지만 무작정 아들의 말을 무시할 수는 없었다.

"좋아. 그러면 집에서 아르바이트를 해. 그때마다 엄마가 돈을 줄게."

"어떤 거?"

"음식물 쓰레기 버리기, 재활용 쓰레기 버리기, 청소기 밀기, 설거지하기 등등."

"알았어, 그렇게 할게. 고마워 엄마."

현수는 엄마의 제안이 무척 합리적이라고 느꼈다. 그 정도라면 충분히 받아들일 만한 제안이었던 것이다.

잠시 후, 현수가 종이 한 장을 들고 나왔다.

"엄마, 이렇게 하자, 우리."

종이에는 '아르바이트 적정 가격'이란 제목이 쓰여 있었다.

음식물 쓰레기 버리기 2,000원
재활용 쓰레기 버리기 1,500원
청소기 밀기 1,500원
설거지하기 1,500원
안마하기 (10분당) 1,000원

종이를 받아든 경미 씨는 웃음부터 나왔다. 현수의 철두철미함과 돈을 모으고자 하는 강한 의지가 느껴졌기 때문이다. 하지만 이것마저 호락호락할 경미 씨는 아니었다.

"이대로는 계약 못 하겠는데."

처음엔 웃었지만 내용을 찬찬히 보고는 경미 씨가 강한 어조로 말했다. 현수는 순간 긴장했다.

"여기에서 모두 천 원씩 내려."

"천 원씩 내리라고? 그럼 안마는 공짜로 하라고? 사실 안마가 얼마나 힘이 드는 건데. 그래도 나름 서비스 개념으로 가장 싸게 넣었는데 한 푼도 못 주겠다는 거야?"

현수는 쉬지 않고 자기 말을 내뱉었다. 그만큼 억울하다는 뜻이었다. 하지만 경미 씨는 현수의 말에 별로 마음이 쓰이지 않았다. 어차피 아쉬운 건 현수였으니까.

"싫으면 그만둬."

경미 씨는 심드렁하게 대답을 하며 받아든 종이를 내려놓았다. 그러자 현수의 얼굴이 붉어졌다.

"엄마, 지금 나한테 갑질 하는 거야? 이거 엄연한 갑질일 수 있어. 엄마도 그런 사람들처럼 없는 사람, 을인 사람을 함부로 생각해?"

경미 씨는 조금 전 자신의 생각을 읽기라도 한 듯 꼬집어 말하는 현수를 보고 뜨끔해졌다.

"아니, 누가 갑질을 해. 비싸다는 거지."

현수는 누구보다 엄마를 잘 알고 있었다. 엄마가 마음이 약하고 팔랑귀라는 걸 꼭 이용하려 한 건 아니었지만 자기도 모르게 그 부분을 공략하게 되었다.

"엄마, 이 정도면 비싼 거 아니야. 내 친구들도 이 정도 심부름 값은 받는다고 했어. 나도 나름 생각해서 정한 거라고."

"그래도 엄마 생각엔 좀 비싸. 그럼 오백 원씩만 깎아줘."

갑질을 한다던 경미 씨는 어느새 현수에게 사정을 하고 있었다. 현수는 기분 좋게 엄마의 제안을 받아들였다. 두 사람의 계약이 성사된 것이다.

"고맙습니다. 앞으로 많은 이용 부탁드립니다."

"아들님, 저도 잘 부탁드려요."

위이잉!

온 집안에 청소기 소리가 요란하게 울렸다. 현수가 엄마에게 첫 번째 임무를 받은 것이다. 그때 현관문 열리는 소리가 났다. 누나가 온 것이다.

현수의 누나 연수는 대학생이다. 현수와 달리 연수는 공부도 열심히 하고 제 할 일을 스스로 잘하는 편이라 엄마와 아빠의 자랑이었다. 그렇다고 현수가 엄마, 아빠의 자랑이 아니라는 건 절대 아니다. 둘이 서로 다르다는 이야기일 뿐.

"어머, 현수가 웬일이야?"

현수가 열심히 청소기를 돌리고 있자 연수가 웃으며 말했다. 대학생인 연수에게 현수는 막냇동생 이상의 존재였다. 어릴 때부터 엄마를 도와 현수를 돌봤기 때문에 동생을 바라보는 연수의 눈에는 엄마와 비슷한 눈빛이 있었다.

"어, 누나 왔어? 내가 이따가 누나 방도 청소해줄게."

현수는 바쁘다는 듯이 한마디를 하고는 몸을 돌려 청소기를 끌고 안방으로 갔다.

"엄마, 쟤가 웬일이야?"

"히히, 그러게."

경미 씨는 웃기만 했다.

잠시 후, 현수가 누나 연수의 방으로 들어왔다.

"자, 청소기 나갑니다. 먼지나 머리카락 있으면 바닥으로 편하게 버리세요."

"너 갑자기 왜 그래?"

연수의 물음에 현수는 자초지종을 설명했다. 어쩌면 누나가 도와줄 수도 있을 테니까.

"하하, 그래서 아빠한테 KO 당하고 청소로 돌아선 거야?"

"뭐, 그렇게 됐어. 아빠가 스티브 잡스와 애플에 대해 그렇게 많이 알고 있는 줄 몰랐지."

연수는 혀를 끌끌 찼다.

"네가 찾아본 브랜드 책마다 애플과 스티브 잡스 얘기였다며? 그렇다면 직장인들에겐 너무 익숙한 얘기인 거잖아."

연수의 말에 현수는 고개를 끄덕였다. 자신의 작전 실패를 순순히 인정했다.

"차라리 샤넬*을 예로 들었으면 좋았을 텐데. 아빠가 패션 브랜드에는 약했을 거야."

"샤넬? 샤넬 가방 할 때 샤넬?"

현수는 친구 강일이에게 들었던 명품 브랜드가 생각나서 물었다.

"맞아, 그 샤넬. 지금은 최고 명품 브랜드로만 알고 있는데 샤넬이 만든 가방과 옷은 세상을, 여성을 바꾼 것들이거든. 그래서 옛날부터 오늘날까지 사랑받는 브랜드인 거고."

현수는 누나의 이야기가 흥미로워 청소기를 놓고 가만히 침대

샤넬하면 떠오르는 것은 저지 드레스, 슈트, 모조 진주 목걸이, 리틀 블랙 드레스, 단발머리, 스웨터 등이다. 이것은 모두 그 당시 여성들의 불편한 패션을 새롭게 바꾼 것이며 오늘날까지 이어지는 패션의 한 축이다. 1910년 가브리엘 샤넬이 차린 모자 가게에서 시작된 샤넬은 역사적으로 여성 패션에 큰 영향을 미친 브랜드이며, 오늘날에는 고가 패션의 상징이 되는 브랜드이다.

에 걸터앉았다.

"어떤 경제학자는 샤넬을 최고의 혁명가라고 말하기도 해. 샤넬이 살던 시대에 여성이란 남자의 부속물 같은 존재였는데 샤넬은 이를 거부하며 여성에게 옷의 자유를 주었거든."

"옷의 자유?"

"요즘도 그런 면이 있지만, 옛날 남자들은 아름다운 여성을 아내로 맞은 것에 자부심을 느꼈어. 아내가 화려하게 꾸미고 있는 것은 자신의 능력을 과시하는 일이었지. 그런데 화려한 옷은 멋있기만 할 뿐 실생활에는 별 도움이 되지 않았어. 자유롭게 움직일 수 없을 정도로 불편했지. 그러니 그 옷을 입고 일을 한다는 건 상상할 수 없을 정도였어."

"그럼 왜 굳이 그런 옷을 입어?"

"그런데도 그런 옷을 입는다는 건 '나에겐 돈이 많아서 내 아내는 전혀 일할 필요가 없다'는 의미를 담고 있기 때문이었지. 남편이 돈을 잘 벌어서 일하는 사람을 여럿 두고 있으니 불편한 옷을 입고도 괜찮다는 거야. 이건 중국의 전족이라는 풍습과도 같은 맥락이야. 예전에 중국에서는 발이 작은 여자를 최고 미인으로 여겨서 어려서부터 여자아이의 발이 크지 못하게 묶어두었어. 그 사진을 보면 여자들이 겪었을 고통이 느껴져서 끔찍하지. 그런데 이렇게 여자의 발을 비정상적으로 작게 만들고 미인의 조건으로 여기는 건 곧 남자들이 '내 여자는 걸어 다닐 필요도 없다. 일하는 사람을 여럿 둘 정도로 내겐 능력이 있으니까'라고 생각한 것과 같은 의미였던 거야."

"우와, 거기에 그런 뜻이 있었던 거야?"

현수는 거추장스럽게 화려한 드레스와 전족에 담긴 또 다른 의미가 놀라웠다. 연수는 이제 왜 샤넬이 세상을 바꾼 브랜드인지 설명하기 시작했다.

"넓고 긴 자락의 스커트는 여자들의 행동을 제한했어. 차에 타고 내리는 것도 여자 혼자서는 할 수가 없었고, 옷을 입고 벗는 것도 누가 도와주지 않으면 불가능했지. 그런 옷을 입고 어떻게 여자가 사회활동을 할 수 있겠어. 샤넬은 치마폭을 과감하게 줄이고, 길이도 무릎을 살짝 덮는 정도로 줄여서 만들었어. 그래서 이런 길이의 치마를 샤넬 라인이라고 말하지. 또 샤넬은 남성들의 전유물로 여겨지던 슈트 재킷을 여성복에도 응용했어. 잘록한 허리선을 드러내는 것이 아니라 입고 벗기 편리하고 활동하기에도 자유로운 재킷을 만든 거야. 이런 옷은 여성의 사회생활에 적합한 옷이라 많은 사람이 찾기 시작했지. 그리고 손잡이가 달린 핸드백도 샤넬로부터 시작되었어. 핸드백에 손잡이가 생기면서 여자들의 손은 더 자유로워졌어. 팔에 걸거나 어깨에 멜 수 있게 되었으니까."

▲ 샤넬, 그녀의 깡봉가 아파트에서
◀ 자신의 워크숍에서 작업 중인 샤넬
▶ 〈상상 속의 만남〉 칼 라거펠트의 오리지널 드로잉

썰전 제2라운드 — 착한 뱀파이어의 등장

"와, 지금 말한 옷들은 요즘 여자들의 외출복 아니야? 회사에 다니는 사람들을 보면 그 정도 길이의 치마에 재킷을 많이 입던데."

"맞아. 거기에 어깨에 메거나 팔에 걸 수 있는 가방을 들지."

"정말 샤넬 덕분에 여자들이 옷에서 많은 자유를 얻었네."

현수에게 누나의 이야기는 신기한 것투성이였다. 그런데 이게 다가 아니었다.

"샤넬을 혁명가라고 말하는 것에는 몇 가지 이유가 더 있어. 샤넬은 귀하고 비싼 옷감뿐 아니라 싸더라도 몸에 편한 옷감을 사용한 브랜드이기도 해. 샤넬이 만든 저지 원피스와 카디건은 편안함을 상징하지. 저지라는 건 속옷을 만들던 천인데 샤넬은 이걸로 원피스와 카디건을 만든 거야. 그러니 얼마나 가볍고 편했겠어. 그리고 샤넬은 명품이란 비싸고 귀한 것이 아니라 편하고 오래 입을 수 있는 옷이라고 말했지. 그래서 옷을 만들 때 몇 번이고 입고 벗어 보며 옷을 만들었대. 편하고 실용적인 옷을 만들겠다는 생각 때문이지. 또 샤넬하면 진주 목걸이를 빼놓을 수 없지. 샤넬은 옷과 어울리는 인조 진주 목걸이도 많이 착용했어. 언제나 최고급만을 추구했던 왕실과 귀족으로 대표되었던 명품 브랜드에 맞서서 실용적인 아이템을 만들어낸 거지. 그렇게 스스로 브랜드가 되었던 거야."

"브랜드가 바꾼 세상에 바뀐 여성의 모습도 있었던 거네."

연수의 이야기는 현수의 귀에 쏙쏙 들어왔다.

"브랜드가 뱀파이어라는 아빠의 말도 중요한 의미를 갖지만 네가 주장했던 브랜드의 의미도 간과할 수는 없는 거야. 더구나 브랜드가 만들어내는 가치는 우리의 생각까지 자극하니까."

현수는 이건 또 무슨 이야기인지 관심을 보였다. 연수는 또 다른 브랜드 이야기를 꺼냈다.

"이탈리아에 베네통이란 브랜드가 있어. 너도 알지?"

"응, 옷 브랜드잖아. 색깔이 선명한 옷들이 많은."

"맞아. 이 브랜드의 시작은 2차 세계대전이 끝난 1950년대였어. 세계대전은 말 그대로 많은 세계인들이 전쟁을 하던 시기야. 이때 인류 최대의 사상자가 생겨났지. 남자들은 대부분 군인이 되고, 남은 여자들은 군수 물자를 대기 위해 일을 하고 가정을 지키는 데 앞장서고 말이야."

"정말 암울하다."

평소 자신을 평화주의자라고 주장하는 현수는 전쟁 이야기에 인상을 찌푸렸다.

"맞아, 전쟁의 상처는 지금까지도 많은 사람들을 고통 속에 살게 하니까. 당시 사람들도 전쟁이 끝난 것을 기뻐했지만 쉽게 일상의 모습을 찾지는 못했어. 계급과 규율이 중요한 군 생활에 젖어 있었으니까. 하지만 한편으로 이런 지긋지긋한 생활에서 하루

빨리 벗어나기 위해 발버둥치기도 했지. 이때 루치아노 베네통*이 스웨터 사업을 시작했어. 각 잡힌 군복이 아닌 느슨한 스웨터, 게다가 칙칙한 무채색이 아닌 컬러감이 돋보이는 스웨터를 선보인 거야. 사람들은 그 옷에 열광했지."

"하긴, 지금 우리도 교복만 벗으면 더 자유로우니까."

"맞아, 그거야. 게다가 베네통은 매장의 분위기도 당시의 옷가게와는 다르게 했어. 누구나 들어와서 물건을 만져보고 살필 수 있는 개방형으로 만든 거야. 당시 대부분의 옷가게는 긴 카운터를 사이에 두고 주인이 보여주는 옷을 손님이 보게 되어 있었지만 베네통 매장은 달랐던 거지. 가게를 가로지르는 카운터를 없애고 옷을 진열해서 매장에 들어온 손님이 옷을 고르는 데에도 자유로운 구조를 만들었어. 젊은이들에게는 베네통 매장을 찾는 것 자체가 즐거움이 되었지. 베네통은 사람들이 갈망했던 자유로움을 옷에서, 매장에서 느끼게 해준 거지. 그런데 그것뿐이었다면 베네통은 이탈리아의 스웨터 브랜드로 끝나고 말았을지 몰라. 베네통은 세계인에게 중요한 메시지를 던졌지."

1935년 이탈리아 베네토주 출생. 1965년 장자인 루치아노 베네통은 경영을, 줄리아나 베네통은 디자인을, 질베르토 베네통은 재정을, 카를로 베네통은 생산을 맡아 베네통 사업을 시작했다. 1960년대에 젊은이들을 대상으로 한 제품을 만드는 회사가 거의 없다는 데 착안해 화려한 색감의 스웨터로 방향을 잡았고, 대중적인 디자인과 고품질의 중저가 제품을 선보이며 폭발적인 반응을 얻었다. 독창적인 광고로도 유명한 베네통 그룹은 현재 세계 120개국에 7천여 개의 매장을 두고 있다.

"그게 뭔데?"

"베네통 매장이나 쇼핑백에 쓰여 있는 유나이티드 컬러스 오브 베네통(United Colors of Benetton)이야. 통합된, 조화로운 베네통의 색깔들이란 뜻이지. 베네통은 다양한 색깔의 옷을 입은 각 나라의 흑인, 백인, 황인 아이늘이 어울려 활짝 웃는 광고 사진을 내보냈어. 아프리카 흑인 아이로 보이는 아이에겐 미국이나 러시아(당시 소련) 국기가 들어간 디자인의 옷을 입히는 식으로 인종과 국가의 구분이 없는 광고 사진을 찍기도 했지. 이 브랜드 광고를 통해 통합된 인류의 모습을 보인 거야. 거기에다 유나이티드 컬러스 오브 베네통이란 슬로건을 내걸었지. 베네통 브랜드를 통해 사람들은 인종 평등, 민주주의와 같은 가치를 생각할 수 있었어."

"베네통 광고에는 늘 다양한 인종의 사람이 등장하곤 하지."

현수도 광고 사진을 떠올리며 고개를 끄덕였다.

"맞아, 너처럼 세계인들도 베네통을 떠올리며 인류가 어느 한 인종, 어느 한 국가 중심이 아닌 모두의 것이라는 생각을 하는 거야. 이후 베네통은 전쟁, 에이즈, 환경문제 등 다양한 문제를 브랜드 광고를 통해 보이며 통합된 인류를 주장했어. 그중에는 논란을 일으키는 것도 있었지만 브랜드가 사람들의 생각을 자극했다는 것은 분명하지."

"브랜드가 세상에 영향을 미치고, 또 세상을 변화시킨 것들이

United Colors of Benetton 화보 사진

참 많네."

아쉬움이 가득한 목소리로 현수가 말했다. 현수는 진작 누나에게 도움을 청하지 않은 것이 못내 아쉬웠다. 하지만 지난 일을 아쉬워만 하고 있을 현수는 아니었다. 현수에게는 한번 결정하면 밀고 나가는 고집과 끈기가 있었다. 현수는 벌떡 일어나 청소기를 움켜쥐었다.

"돈 모아서 내가 살 거야!"

프레젠테이션의 패배가 뼈아프긴 했지만 현수는 새로운 방법을 찾아 노력하려고 다짐하듯 말했다. 그리고 엄마에게 그랬던 것처럼 누나에게도 한껏 불쌍한 표정으로 말했다.

"누나, 누나도 나 필요하면 좀 써주라, 응?"

"알았어. 그런데 그렇게 해서 점퍼를 언제 사냐? 몇 년 걸리는 거 아냐?"

엄마가 했던 지적을 누나도 똑같이 했다. 그래서 현수는 다른 계획도 세우고 있었다.

"그래서 나 아르바이트 좀 하려고."

"아르바이트?"

"응, 나 같은 중학생이 할 수 있는 일이 뭐가 있을까 찾아봤는데 전단지 아르바이트가 있더라고. 햄버거 가게에서는 부모 동의서 같은 게 있어야 할 수 있다고 하고. 아무튼 복잡해서 전단지 돌리는 거 해볼라고."

"그래? 전단지 돌리는 일자리는 어떻게 구해? 요즘 이상한 사람들도 많아서."

누나가 걱정을 하며 물었다.

"동네 피자집이나 치킨집에 가서 무작정 물어보는 거지. 혹시 전단지 아르바이트할 사람 필요하세요? 하고. 친구들한테 물어봤더니 다 그렇게 한대."

"돈은 얼마나 주는데?"

"시간당 육천 원 준다던데? 아파트 엘리베이터 타고 올라가서 한 장씩 붙이면서 내려오기도 하고, 뭐 그런대."

듣고 있던 누나는 동생이 고생할 것이 눈에 보이는 듯했다.

"너 그렇게까지 해서 그 점퍼 입어야겠니?"

"누나!"

현수는 엄마가 하던 말을 누나한테까지 듣고 싶지 않아서 정색을 했다.

"알았어, 알았어. 아무튼 다치지 않게 조심해."

연수는 그쯤에서 이야기를 멈췄다. 그래서 현수는 엄마보다 누나가 좋았다. 누나는 긴 잔소리까지 가는 일이 거의 없었다. 하긴 연수와 현수는 같은 엄마의 잔소리를 듣고 살았으니 그 마음은 말하지 않아도 서로 잘 알고 있었다.

　　　　　　　　　　＊ ＊ ＊

　오랜만에 온 가족이 모였다. 현수네 가족은 저녁을 먹고 다 같이 텔레비전 앞에 앉았다. 경미 씨는 가족을 위해 과일을 씻어 내왔다.

　"연수도 일찍 오고 아빠도 일찍 오니 좋구나."

　경미 씨가 두 사람을 보고 웃으며 말했다. 하지만 상호 씨는 텔레비전에서 눈을 떼지 않고 있었다.

　"뭘 그렇게 열심히 봐요. 가족끼리 이야기나 좀 하지."

　경미 씨는 텔레비전을 끄려고 리모컨을 찾았다. 그러자 상호 씨가 말렸다.

　"그냥 둬. 꽤 흥미로운 다큐멘터리야. 우리 현수가 보면 좋을 것 같아."

　상호 씨는 여전히 텔레비전 쪽으로만 눈길을 주며 말했다. 아빠의 말에 현수는 들고 있던 휴대폰을 내리고 텔레비전을 쳐다보았다.

　"사람들은 어떤 것을 선택할까요?"

　마트의 모습이 화면에 나오고 내레이터의 목소리가 흘러나왔다. 화면에는 1+1 상품과 하나의 상품이 진열되어 있고, 사람들이 두 가지 중 하나를 선택하는 모습이 나왔다. 그런데 많은 사람들이 두 개의 상품을 붙여놓은 1+1 상품을 골라 담았다.

"과연 두 개를 묶어 놓은 상품이 싼 걸까요? 그리고 그것을 구매하는 것이 효과적인 소비일까요?"

진지한 내레이션과 함께 화면에는 개당 가격으로 계산된 두 상품의 가격이 비교되고 있었다. 하나씩 사는 것과 두 개를 묶음으로 사는 것의 가격 차이는 크지 않았다. 카메라는 물건을 산 사람들의 이후 행동을 뒤쫓았다. 묶음 제품을 사서 가져간 사람들 중에는 다 쓰지도 못하고 쌓아두거나 식품의 경우에는 유통기한을 한참 넘겨서 버리는 모습이 화면에 나타났다.

"어머, 나도 늘 1+1 제품 사곤 했는데 속임수였던 거야? 별로 싸지 않네."

경미 씨가 놀라서 말했다.

"그래도 우리 식구는 남겨서 버리지는 않잖아. 그럼 잘 사서 잘 쓴 거지 뭐."

연수가 놀란 엄마를 안심시켰다.

현수네 가족은 다시 텔레비전 다큐멘터리에 집중했다.

"가격에는 여러 가지 비밀이 담겨 있습니다. 그 비밀을 풀어내지 못하면 잘못된 소비를 하게 되지요."

다큐멘터리는 본격적으로 가격의 비밀을 다루기 시작했다. 첫 번째 내용은 '초두 효과'였다.

"사람들에게 첫인상은 꽤 큰 부분을 차지하곤 합니다. 그런데 가격에도 첫인상이 있습니다. 이것을 초두 효과라고 합니다. 물건의 앞자리 숫자가 얼마냐에 따라 가격을 싸게, 혹은 비싸게 느끼는 것이지요."

화면에는 같은 물건에 두 가지 가격표가 붙어 있었다.

"하나는 99,000원, 다른 하나는 100,000원입니다. 두 물건의 가격 차이는 실제로 1,000원입니다. 하지만 사람들은 엄청난 차이처럼 느끼곤 합니다. 실제로 홈쇼핑 방송 등을 보면 거의 모든 물건의 가격이 9,000원이나 900원으로 떨어집니다. 초두 효과를 노린 것이지요."

"맞아, 홈쇼핑에서는 늘 그래. 그래서 늘 99,000원짜리 팔면서 100,000원도 안 되는 가격이라고 싸다고 말하지. 실제로는 1,000원 차이일 뿐인데 말이야."

홈쇼핑이라면 역시 경미 씨가 할 말이 많았다. 경미 씨는 조금 전 1+1 내용도 홈쇼핑에 적용했다.

"그리고 홈쇼핑에서는 하나 사면 따라오는 것도 많아. 사은품이라지만 어디 그냥 주는 거겠어. 그것 때문에 가격이 오르겠지. 꼭 필요한 것만 사게 해주면 좋을 텐데 말이야."

"그 사람들은 그래야 돈을 더 버는 거니까 그렇지. 당신처럼 좋다고 사는 게 문제지. 꼭 필요하지 않으면 안 사면 되는 거잖아."

상호 씨가 핀잔을 주자 경미 씨는 기분이 나쁜지 입을 앙다문 채 다시 텔레비전에 시선을 고정했다.

"대형 마트에 가면 대부분의 것이 100그램에 얼마라고 표시되어 있습니다. 이것은 적은 양을 사야 할 때 효과적이지요. 그런데 이렇게 표시하는 것에는 또 다른 이유도 있습니다. 가격을 복잡하게 만들어서 가격 비교를 어렵게 하려는 것이지요."

내레이터의 말에 경미 씨는 고개를 갸웃거렸다. 화면에는 이해를 돕기 위한 장면이 이어졌다.

"이 고기는 100그램에 1,900원이에요."

"한 근에 10,000원입니다. 10,000원!"

고기를 파는 사람들의 외침에 사람들은 어느 쪽이 더 싼지 잠시 고민을 하는 모습이다. 금방 계산이 되지 않아 비교하기가 어려운 것이다. 화면에는 다시 친절한 계산이 나왔다. 보통 600그램을 한 근으로 팔기 때문에 한 근인 10,000원을 6그램으로 나누면 100그램에 약 1,660원이 된다. 그렇게 되면 첫 번째 고기가 두 번째 고기보다 비싼 것이다. 이런 식으로 가격이 비쌀 때면 가격을 복잡하게 표시하여 비교하기 어렵게 작전을 쓰기도 한다는 설명이 이어졌다.

"와, 저런 게 있었다니. 그러게 바나나도 한 송이에 얼마, 감자도 한 망에 얼마라고 하면 비교가 간단한데 꼭 백 그램에 몇백 몇십 원이라며 복잡하게 한다니까."

가격의 비밀이 하나씩 벗겨질 때마다 경미 씨는 감탄을 늘어놓았다. 가정의 소비를 주로 맡고 있는 입장에서 경미 씨가 느끼는 것이 가장 많을 수밖에 없었다.

"가격에는 많은 비밀이 숨어 있습니다. 그것을 알면 더 현명한 소비를 하게 되지요. 그런데 말입니다. 우리가 너무 많은 소비를 한다는 생각은 들지 않습니까? 1960년경 우리나라에 에어컨이 달린 차는 5퍼센트뿐이었습니다. 그리고 오랫동안 에어컨은 자동차 구매자의 선택 사양이었지요. 그런데 이제 에어컨이 없는 차는 상상할 수 없을 만큼 모든 차의 기본이 되어 있습니다. 또 한 집에 사는 가족 구성원의 수는 반으로 줄었는데 주택은 두 배로 커졌습니다. 이제는 집에 옷방을 따로 두는 가정도 늘고 있고요. 우리의 소비가 끊임없이 늘고 있다는 증거입니다. 그래서 어떤 사람은 오늘날을 소비 경주 시대라고 말합니다. 누가 더 많은 소비를 하는지 앞서거니 뒤서거니 경쟁하고 있다는 것이지요. 많이 가지면 행복한 걸까요? 소유욕, 물질적 기대감은 나날이 커지는데 그 욕구를 충족한 우리는 더 행복해졌는지 생각해봐야겠습니다."

내레이터가 진지한 모습으로 시청자들과 눈을 맞추며 마지막 멘트를 했다. 이렇게 다큐멘터리가 끝이 나자 상호 씨는 격하게 고개를 끄덕였다. 그러고는 기다렸다는 듯이 가격에 대한 이야기 하나를 덧붙였다.

"명품이라 불리는 물건들은 하나같이 비싼데 이건 그들의 고가(高價) 정책 때문이지."

"고가 정책?"

경미 씨가 되물었다.

"사람들은 가격이 비싸면 싼 것보다 좋은 제품일 거라고 믿는 성향이 있어. 장인이 최고의 재료를 손으로 한 땀 한 땀 만들었다는 설명을 듣고는 원가가 높고 공정이 까다로우니까 비싸게 받으려니 하는 거지. 하지만 가격이 비싼 이유는 그것만이 아니지. 아무리 원가가 비싸다고 해도 사실 명품이란 불건늘처럼 비싸기야 하겠어. 그들은 비싼 가격을 통해서 고객을 고르고 있는 거야. 비싸면 비쌀수록 소수의 사람만 그 물건을 가질 수 있지. 그래야 누구나 가질 수 없는 물건인 명품으로서의 위치를 유지할 수 있으니까. 그래서 명품은 나라마다 다른 가격을 책정하지. 명품에 대한 충성도가 높을수록 높은 가격을 매기는데 우리나라가 그런 경우라고 해. 같은 브랜드라도 다른 나라에서는 싸게 파는데 우리나라에서는 비싸게 팔아도 팔리는 거야."

"어머, 어쩐지 너무 비싸더라."

"정말 그래요. 전형적인 베블런 효과(Veblen Effect)*라고 할 수 있지요. 베블런 효과는 가격이 비쌀 때 오히려 더 소비가 일어나는 것을 뜻해요. '비싸니까 좋을 거야', '나는 특별하니까 비싼 것,

---

베블런은 미국의 사회학자이자 사회평론가로 1899년 출간한 저서 『유한계급론』을 통해 물질만능주의와 상류층의 과시적 소비를 비판했다. 베블런 효과는 가격이 오르는데 오히려 수요가 증가하는 현상을 말한다. 과시욕 때문에 무조건 타인의 소비 성향을 따르는 사람들에 의해 '소비편승효과'라고도 불린다. 극소수의 상류층 고객만을 상대로 하는 'VVIP 마케팅'은 이런 소비자들의 심리를 이용한 마케팅 기법이다.

남이 사지 못하는 걸 살 거야' 같은 심리, 바로 허영심을 이용하는 거죠. 우리나라에서 이런 마케팅 기법을 많이 쓴대요. 그런 말을 들을 때면 나는 우리를 바보로 보는 것 같아서 기분이 나빠. 실제로 화장품의 기능이나 내용물을 조사해보니까 가격이 싼 화장품이 비싼 화장품보다 품질이 좋은 경우가 있었대요. 가격만 비싸게 하다니 소비자를 우롱하는 것 같더라고요."

연수의 말에 경미 씨도 맞장구를 쳤다. 상호 씨는 이 분위기를 타고 쐐기 박는 말을 뱉어냈다.

"사람 뇌의 용량은 몸의 2퍼센트에 불과해. 하지만 뇌가 사용하는 에너지는 전체 에너지의 20퍼센트에 이르지. 그건 몸의 모든 것이 뇌의 명령에 지배를 받기 때문이야. 하지만 우리가 하는 행동 하나하나가 뇌의 의식적인 고민 속에 이루어지는 것은 아니지. 대부분은 무의식 속에 이루어져. 무의식이 우리를 지배하고 있다고 해도 될 정도야. 그런데 말이야. 브랜드는 그런 무의식을 지배하기 위해 노력하지. 미국의 한 연구 기관의 결과에 따르면 사람은 하루에 육천 개에서 팔천 개에 이르는 브랜드에 노출되어 있다고 해. 우리는 쉬면서 텔레비전을 본다고 생각하지만 실제로는 쉬면서 소비를 권유받고 있는 셈이지. 하루에 몇천 개의 광고를 본다니 그 정도면 세상이 온통 브랜드라고 해도 과언이 아닐 거야. 브랜드는 이런 식으로 우리의 무의식 세계를 지배하려 하고 있어.

실제로 지배하고 있기도 하고. 경제 능력이 없는 어린아이 때부터 브랜드에 대한 이미지를 새겨두면 경제 능력이 생긴 어른이 되어서 그 브랜드를 소비하는 사람이 되는 거야. 그래서 브랜드는 더 열을 내고 광고를 하는 거고. 알겠니?"

싱호 씨는 알겠냐는 말을 하며 굳이 현수와 눈을 맞췄다. 이번에도 뱀파이어라는 말만 하지 않았을 뿐 하려는 말은 다한 셈이었다. 현수는 그런 아빠의 눈길이 여간 부담스럽지 않았다. 아직 현수는 브랜드 점퍼를 포기하지 않았으므로.

두 사람의 은근한 기 싸움, 아니 아빠의 강력한 기세를 보는 경미 씨와 연수의 마음은 불편했다. 강자 앞에서 약자를 보는 것은 언제나 안타까운 일이었다. 더구나 경미 씨와 연수는 현수의 엄마와 누나였으므로 더욱 그랬다.

현수는 조용히 자리에서 일어났다. 식탁을 박차고 일어날 때와는 다른 회피였다.

"현수야."

잠시 후, 연수가 현수의 방을 찾았다.

"현수야."

재차 현수를 불렀다. 하지만 현수는 풀이 죽어서 아무 대답도 하지 않았다.

"아빠 분위기 보니까 네게 당장 돈이 생긴대도 그 점퍼 사기 힘들겠더라."

"에이, 아빠는 정말."

현수는 속이 상한지 말을 다 잇지 못했다.

"이건 다윗과 골리앗의 싸움인걸."

연수는 안됐다는 눈으로 현수를 바라봤다. 그 눈빛에는 동정과 함께 아빠를 이길 수 없으니 포기하라는 뜻도 담겨 있었다.

현수는 성경에 대해서는 잘 모르지만 그것만은 알고 있었다. 다윗이 골리앗을 이겼다는 것.

"누나, 뭐 좋은 방법 없어? 나 좀 도와주라."

현수의 간절한 부탁은 연수의 마음을 흔들었다. 중2들은 너무 모른다. 자신들이 얼마나 매력적이고 귀여운 존재인지.

"좋아. 이걸로 아빠를 한번 공략해봐."

연수는 결심한 듯 노트에 쓰기 시작했다. 거기엔 이렇게 쓰여 있었다.

착한 뱀파이어
ㅡ굿네이버스, 아름다운 가게, 공감, 탐스…….

썰전 제2라운드

이삐의 공세는 시시때때로 이어졌다. 사십 대 숭년의 나이에 오랜 직장 생활, 상호 씨에게 현수를 무너뜨릴 무기는 무궁무진할지도 몰랐다.

"스탠포드 대학에서 흥미로운 실험을 하나 했어. 사람들에게 와인의 값을 알려주고 어느 것이 더 맛있는지 말해보라고 한 거야. 5달러짜리의 값싼 와인은 45달러라고 하고, 90달러짜리 비싼 와인은 10달러라고 하며 마시게 했지. 결과가 어땠을까?"

"비싸다고 한 걸 맛있다고 했구나?"

평소 퀴즈 맞추기에 적극적인 경미 씨가 흥미를 보이며 대답했다.

"맞아. 사람들은 하나같이 값비싸다고 했던 와인의 맛이 좋다고 말했어. 비싼 것이 맛있을 거라고 생각한 거지. 그런데 흥미로운 것이 와인을 마시는 사람들의 뇌를 관찰해보니 실제로는 값싼 것이지만 비싸다고 알려준 와인을 마실 때 도파민이 생성되더래. 도파민은 행복감, 만족감 등을 느끼게 하는 신경전달물질이거든. 그러니까 실제로도 뇌에서 맛있다고 느낀다는 거야."

"우와, 정말?"

"내 생각에 그때 나오는 도파민은 값비싼 브랜드가 만들어낸 마약이 아닐까 싶어. 브랜드는 인간을 욕망하게 하지. 그리고 동시에 그 욕망을 채우지 못할까 봐 불안에 떨게 해. 그러니까 그 도파민은 잠깐 동안은 원하는 것을 얻은 성취감과 기쁨을 주지만 이후 신상 브랜드를 갖지 못할까 봐 불안하고 초조하게 만드는 거지. 마치 마약에 중독되는 것처럼. 그래서 브랜드에 얽매이면 행복은 잠깐이고 고통이 긴 거야. 가뜩이나 불안한 세상에 불안감만 가중시키는 거라고."

"에이, 또 그 소리야?"

경미 씨는 상호 씨의 기, 승, 전, 브랜드로 이어지는 이야기를 지겨워했다. 상호 씨의 이야기는 자기 방에 있는 현수에게도 어렴풋이 들려서 현수를 진저리나게 했다. 하지만 상호 씨의 무기는 무궁무진하다고 하지 않았던가. 언제 어떤 이야기를 시작으로 브랜드를 공격할지 알 수 없었다.

현수는 배를 쭉 내밀고 비스듬하게 있던 자세를 고쳐 앉았다. 누나가 적어준 착한 브랜드들에 대해 정신 바짝 차리고 제대로 알아둬야겠다고 생각했다. 그리고 그것이 지금으로서는 최선의 공격 무기가 될 것임을 의심하지 않았다. 현수는 스티브 잡스 때처럼, 아니 그때보다 더 열심히 브랜드에 대한 조사를 해나갔다.

착한 뱀파이어   아빠는 브랜드가 뱀파이어처럼 빠르게 번지며 브랜드의 굴레를 씌운다고 했다. 하지만 브랜드 중에는 선한 것도 있다. 브랜드를 통해 선함이 널리 퍼지는 것은 브랜드의 또 다른 측면이다. 오늘날에는 이런 현상이 늘어나고 있어서 브랜드를 나쁘게만 생각할 수 없다. 또 브랜드 중에는 처음부터 사회 발전을 목적으로 만들이지는 깃이 있다. 이것을 이타적 브랜드라고 한다. 이타적 브랜드의 목적은 이윤 추구가 아닌 사회 발전에의 기여다.

사회적 기업   취약 계층에게 사회 서비스 또는 일자리를 제공하여 지역 주민의 삶의 질을 높이는 등의 사회적 목적을 추구하면서 재화 및 서비스의 생산 판매 등 영업 활동을 수행하는 기업을 말한다.

현수는 나름대로 아빠의 브랜드 뱀파이어 논리에 맞서기 위해 착한 뱀파이어에 대해 정리를 하고, 이와 관련이 있는 사회적 기업에 대한 정의도 검색해보았다. 그리고 백과사전에 나온 대로 꼼꼼하게 받아 적어두었다. 이번에는 누나가 알려준 브랜드들에 대해 알아봐야 했다.

"아름다운 가게라면 학교에서 집에 올 때 길가에 있는 걸 본 적이 있지."

현수는 오가며 보았던 친숙한 곳부터 알아보기로 했다.

아름다운 가게 2002년 안국동에 1호점을 열며 나눔 활동을 시작하였다. 아름다운 가게에는 개인과 단체가 기증, 기부한 물건으로 가득하다. 사용하지 않는 물건, 필요 없는 물건을 기증하면 필요한 사람들이 저렴한 가격에 물건을 구입하고, 이때 낸 물건 값은 사회의 어려운 사람들을 위해 쓰인다. 돈을 기부할 수도 있지만 쓰지 않는 물건을 나누면서 나눔을 실천할 수 있어서 우리 사회의 나눔 문화를 이끌고 있다. 최근에는 사회적 기업에서 만든 제품과 공정 무역을 통해 들여온 커피를 팔고 있다. 아름다운 가게라는 브랜드는 더 많은 사람이 함께 키우고 참여해야 할 브랜드이다.

아름다운 가게에 대한 내용을 정리하는 현수의 얼굴에는 어느새 미소가 번져 있었다. 아빠를 공략할 무기를 장착하고 있다는 든든함 때문이기도 했지만 착한 브랜드는 생각하는 것만으로도 사람을 기쁘게 하는 것이었다. 현수는 계속해서 착한 브랜드에 대한 정리를 이어갔다.

탐스 탐스는 신발 회사다. 그런데 이 브랜드가 특별한 이유는 일대일 기부 공식 때문이다. 블레이크 마이코스키는 아르헨티나 여행 중 아이들이 가난으로 신발조차 신지 못하는 모습을 보게 된다. 맨발로 다니는 아이들은 발에 생긴 상처와 병균 감염으로 고통을 겪었고, 신발을 신지 않으면 학교에서 받아주지 않는 제도 때문에 제대로 교육을 받지 못하는 일까지 있

다양한 국가에서 판매되고 있는 빅이슈 잡지

었다. 블레이크 마이코스키는 이런 아이들에게 지속적인 도움을 주고자 2006년 탐스를 창립한다. 소비자가 한 컬레의 탐스 신발을 사면 한 컬레를 제3세계 아이들에게 기부하는 것이다.

빅이슈 주거취약계층인 홈리스(homeless)를 돕는 잡지이다. 1991년 영국의 존 버드와 고든 로딕이 처음으로 발행했다. 홈리스들만이 빅이슈를 판매할 수 있고, 판매금의 절반이 그들의 재활비로 지원된다. 빅이슈 잡지는 세계 10여 개국에서 판매되고 있고, 우리나라에서는 2010년부터 발행되고 있다. 잡지는 유명인의 재능 기부를 통해 더욱 풍부하게 만들어지고 있다.

희움 희움은 위안부 문제 해결을 위해 위안부 할머니들을 돕는 브랜드이다. 희움은 '희망을 꽃피움'을 뜻한다. 할머니들의 압화(押花) 작품을 손수건, 파우치 등에 새겨서 만들고, 판매 수익금은 위안부 역사관 건립과 위안부 문제 해결 활동에 쓰인다. 아픈 역사를 함께 헤쳐나가는 의미가 있다.

굿네이버스 1991년 우리나라에서 만들어진 국제 구호 개발 시민사회 단체다. 굿네이버스는 굶주림 없는 세상, 더불어 나누는 세상을 만들자는 목표 아래 사회복지 사업과 국제 구호 개발 사업을 하고 있다. 1996년에는 처음으로 국제 연합에서 인정하는 최상위 시민 단체가 되어 지금은 우리나라뿐 아니라 세계 33개국에서 사회복지와 구호 사업을 벌이고 있다. 정기적인 후원이나 일시적인 후원 혹은 해외 아동과의 결연을 통해 어려운 이웃을 도울 수 있다.

공감 공감은 공익 인권법 재단이다. 2002년 사법연수원 강의에서 박원순 변호사(당시 '아름다운 재단'의 상임이사, 현 서울시장)는 연수원생들에게 공익 변호사라는 블루오션을 제시한다. 로펌에 들어가려면 힘이 들지만 공익 변호사는 아직 흔치 않으니 되기 쉽다는 의미였다. 하지만 이것은 돈을 많이 벌 수 있는 기회를 포기하는 강단이 필요한 일이었다. 얼마 후 당시 강의를 들은 염형국 변호사가 박원순 변호사를 찾아가 공익 변호사가 되는 길을 물었고, 당시 아름다운 재단의 상임이사로 있던 박원순 변호사는 재단 기금으로 공익 변호사 팀을 꾸리게 한다. 그리고 2004년 1월, 공익 변호사 팀 공감은 아름다운 재단에서 독립하여 공익 변호사 그룹 공감이 된다. 우리나라 최초의 비영리, 전업, 공익 변호사 그룹인 것이다. 공감은 개인과 단체의 기부만으로 운영되며, 공감의 변호사들은 사회 공익적인 일과 인권에 대한 법 문제 해결을 위해서 일한다. 이주 노동자, 여성, 성소수자, 장애인의 인권 등 자기 소리를 내기 힘든 사람들을 위해 공감 변호사들은 따로 수임료를 받지 않고 일하고 있다.

기타 유기견을 돕는 브랜드, 동물 보호를 위해 동물 가죽을 사용하지 않는 가방 브랜드, 동물 실험을 하지 않는 바디용품 브랜드……

현수의 썰전 노트에는 이른바 착한 브랜드에 대한 내용이 점점 늘어났다. 처음에는 좋은 취지를 가지고 물건을 판매하는 브랜드만 보였는데 찾다보니 착한 브랜드의 범위는 훨씬 넓다는 걸 알았다. 어려운 이웃을 후원하는 단체나 약자들의 인권을 위해 법 활동을 벌이는 공감 같은 곳은 세상에 필요한 가치를 파는 브랜드처럼 보였다. 현수는 다양한 착한 브랜드를 찾기 위해, 그리고 그 내용을 잘 정리하기 위해 노력했다. 그 속에는 아빠와의 썰전에서의 승리를 넘어 이런 브랜드들이 더 늘어나기를 바라는 마음도 담겨 있었다.

* * *

드디어 현수의 두 번째 결전의 날이 되었다. 이번에는 보이지 않는 곳에서 현수를 도왔던 누나도 함께했다. 현수는 첫 프레젠테이션 때와는 달리 자신이 정리한 착한 브랜드에 대한 설명을 안내서로 만들어 엄마, 아빠, 누나에게 나누어주었다. 말뿐이 아니라 시각적으로 정리한 정보를 주어 자신의 주장을 각인시키는 것이 필요하다는 판단이었다. 아무튼 실패한 프레젠테이션의 방법은 과감하게 버리고 다른 시도를 하는 것이 필요했다.

"미리 드린 안내서에도 있듯이 저는 오늘 착한 브랜드에 대한 이야기를 하려 합니다."

조금 떨리는 목소리로 시작했다. 한 번의 실패는 현수를 긴장하게 했다. 하지만 긴장 속에서 현수의 마음은 더 단단해지고 있었다.

"지난번에 아빠가 말씀하신 브랜드가 만든 계층과 사회, 경제적 문제에 대해서 많은 고민을 했습니다. 하지만 그렇기 때문에 브랜드가 사라져야 한다는 주장은 한쪽 면만 보고 다 보았다고 결론을 내는 것과 같다고 생각합니다. 오늘날 브랜드는 이 사회와 인간을 위해 많은 일을 하고 있으니까요."

현수는 이야기를 풀어가면서 점점 긴장도 풀리고 진지해졌다. 현수는 눈앞에 있는 가족들의 얼굴을 한 번 쭉 훑어보고는 준비한 박스에서 무언가를 꺼내 들었다. 신발 한 짝이었다.

"이것은 탐스 신발입니다."

"어, 저건 내 건데."

신발을 보고 놀란 경미 씨가 말했다. 현수는 개의치 않고 이야기를 이었다.

"가볍고 편해 보이지요. 제가 냄새를 한번 맡아보겠습니다."

현수는 신발을 코에 가져다 댔다.

"아이."

보고 있던 엄마와 누나가 인상을 썼다. 그 냄새가 이미 상상이 된 것이다.

"이 신발에서는 어딘가 나눔의 냄새가 납니다. 제3세계의 향기가 느껴지기도 하고요."

현수의 말에 아빠는 크게 웃음을 터뜨렸다.

"너, 이번엔 장그래냐?"

아빠의 말에 엄마도 누나도 손뼉을 치며 웃기 시작했다. 1차 프레젠테이션 때 스티브 잡스의 코스튬 플레이를 했던 현수는 2차에서는 〈미생〉의 장그래를 따라 하고 있었다. 장그래가 오과장의 슬리퍼를 들고 프레젠테이션에 나섰던 모습 그대로였다. 장그래를 따라 하기로 작정한 현수는 자기도 웃음이 나기는 했지만 겨우 웃음을 참고 이야기를 이어갔다.

"이 브랜드가 생기지 않았다면 어땠을까요? 지금보다 더 많은 아이들이 맨발로 다니고 있었을 겁니다. 맨발의 아이들은 신나게 뛰어놀기도 힘들었을 테고, 신발을 교복처럼 필수라고 여기는 그곳의 정책 때문에 학교에 다니지도 못했을 겁니다. 그래서 맨발로 거리를 떠도는 아이들에게 희망은 먼 이야기였을 겁니다."

현수는 본격적으로 착한 브랜드에 대한 설명을 하기 시작했다.

"탐스는 이 아이들에게 신발을 보내고 있습니다. 소비자가 한 켤레를 사면 한 켤레는 제3세계 아이들에게로 가지요. 탐스를 의미 있는 브랜드로 여기는 건 이런 일대일 기부 공식을 가졌기 때문입니다."

현수의 이야기에 엄마와 누나가 격하게 고개를 끄덕이며 공감했다. 현수는 더욱 신이 나서 이야기를 이어갔다.

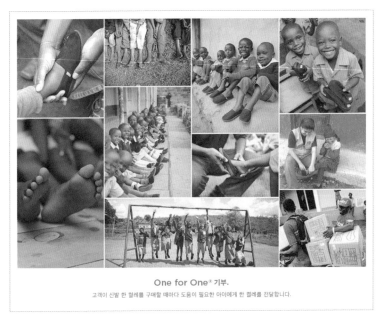

One for One® 기부.
고객이 신발 한 켤레를 구매할 때마다 도움이 필요한 아이에게 한 켤레를 전달합니다.

신발을 구매하면 도움이 필요한 아이에게 한 켤레의 신발이 전달되는 탐스 신발

　"아름다운 가게와 굿네이버스는 어떻습니까? 이런 시민사회 단체로 인해 우리는 나눔의 의미와 그 소중함을 깨우치게 됩니다. 또 어렵게만 여겼던 나눔이 손쉬워졌지요. 손쉬워진 걸 이야기하자니 공익 인권법 재단인 공감도 빼놓을 수가 없습니다. 보통 사람들에게 법은 참 어렵고 먼 이야기일 때가 많습니다. 장애인, 외국인 노동자, 가난한 사람들에게는 더욱 멀고요. 그런데 이윤을 추구하지 않는 변호사 단체가 생긴 겁니다. 바로 공감이지요. 법이 멀고 어려워 고통 받았던 사람들은 공감 덕분에 절망과 고통에

서 벗어나게 되었지요. 살만한 세상을 만드는 데 큰일을 해낸 겁니다."

이 순간 현수는 사회 운동가처럼 보였다.

"공감은 사람들의 기부를 받아서 운영됩니다. 변호사라면 돈을 많이 버는 직업의 상징인데 공감 변호사들은 일반 직장인의 월급 정도를 받으며 어려운 사람들의 변호에 나서지요. 우리는 아름다운 가게, 굿네이버스, 공감이라는 이름만 듣고도 기꺼이 기부에 나설 수 있습니다. 그러니 이런 브랜드는 브랜드로서 더욱 강한 힘을 지녀야 합니다. 이 브랜드가 하는 일이라면 많은 사람들이 함께 나서 도와줘야 하고, 그러기 위해서는 브랜드가 유명해지도록 주위에 알려야지요."

현수의 이야기는 막힘없이 이어졌다. 1차 때와는 확연히 다른 모습이었다. 누나가 뒤에서 현수의 프레젠테이션을 도운 것도 컸지만 현수가 하는 이 말들은 현수의 진심이었기 때문이다.

"누군가는 브랜드가 뱀파이어라고만 말합니다. 하지만 뱀파이어가 꼭 악(惡)이라는 공식은 없습니다. 그것은 상대적인 것이지요. 그래서 저는 이 자리에서 아빠에게 묻고 싶습니다. 착한 뱀파이어가 있다는 걸 믿으십니까?"

현수의 말에 모두의 시선이 상호 씨에게로 향했다. 미생에서 장그래가 한석율에게 슬리퍼를 사겠냐고 묻는 장면과 비슷했다.

현수네 거실에는 정적이 감돌았다. 그리고 드디어 상호 씨가 입을 열었다.

"훌륭한 프레젠테이션이었다. 네 이야기를 듣고 있자니 착한 뱀파이어가 있다는 생각이 드는구나. 그래서 브랜드가 필요하다는 생각도."

"야호!"

상호 씨의 말에 현수는 환호성을 질렀다. 현수는 누나, 엄마와 차례로 하이파이브를 했다. 드디어 아빠를 이긴 것이다.

"아, 잠깐!"

현수의 환호에 상호 씨가 제동을 걸었다.

"이번에는 너의 승리를 인정하겠어. 하지만 우린 아직 1대 1이란 거 잊지 말아라!"

아빠는 웃으며 말했지만 이대로 현수에게 져주지는 않겠다는 말을 하고 있었다. 현수도 그 정도는 받아들일 수 있었다. 어차피 떼를 써서 이 싸움의 승자가 될 마음은 없었으므로.

5장

썰전 제3라운드

브랜드와 나

"브랜드는 단순한 상표가 아니지요. 브랜드가 나의 일부가 될 수 있다는 겁니다."

현수는 브랜드가 사람과 얼마나 밀접한 관계인지를 설명하며 공격을 마쳤다. 그러자 아빠의 질문이 이어졌다.

"브랜드로 자신을 표현한다고 봐도 되겠니?"

"음, 그렇게 볼 수 있지요. 늘 그렇지는 않겠지만 브랜드가 그 사람을 보여주는 경우는 분명히 있으니까요."

현수의 말에 아빠는 고개를 가로저었다.

"전에 이런 말을 들은 적이 있다. 인간은 세상에 하나뿐인 '원본'으로 태어나 죽을 때는 비슷비슷한 '복사본'으로 죽는다."

아빠의 한마디는 강력했다. 아빠는 브랜드 부족에 이어 브랜드를 통해서만 자신을 드러내려는 나약한 인간을 꼬집으려는 것이다.

"현수야, 그거 잘 돼가?"

쉬는 시간, 뒷자리에 앉은 태지가 말을 걸어왔다. 한동안 아르바이트를 알아본다고 하던 현수가 다시 책을 들고 다니며 프레젠테이션을 준비하는 걸 보았기 때문이다.

"뭐?"

"너, 아빠랑 결전 벌인다는 거."

"아, 뭐 그냥."

현수는 멋쩍게 웃어 보였다.

"전에는 졌다더니, 웃는 거 보니 반전이 있었나 보네?"

"응, 두 번째는 내가 이겼어."

현수는 아빠를 이겼다는 걸 친구에게 말하기가 좀 그랬지만 자신의 승리를 숨기고 싶지도 않았다.

태지가 엄지손가락을 세워 보였다.

"와, 대단하다. 그래서 언제 점퍼 사러 가?"

현수는 고개를 가로저었다.

"아냐, 우린 이제 1 대 1일 뿐이야. 아직 중요한 한 판이 남아 있어."

"그런 거야? 와, 너도 너희 아버지도 대단하다."

태지는 부자간에 점퍼를 두고 이렇게 긴 설전을 벌이는 걸 본적이 없다. 아니, 상상해본 적도 없어서 놀라울 뿐이다. 실은 처음 프레젠테이션을 하겠다고 했던 현수도 이렇게까지 길어질 거라고는 생각하지 못했다.

"그래, 공격할 거리는 생각해뒀어?"

태지가 진지해져서는 물었다.

"고민하고 있어. 뭐가 효과적일지."

"있잖아, 내가 전에 본 글이 있는데…….."

태지는 공책 하나를 꺼내더니 뭔가를 찾아 읽었다.

"설득하고 싶다면 이성적으로 말하지 말고 흥미롭게 말하라."

"흥미롭게 말하라고?"

"응, 벤저민 프랭클린이란 사람이 이런 말을 했다는데, 난 환경 문제를 설명할 때 늘 이 말을 생각해. 아무리 좋은 내용이라도 지루하다면 누가 들으려 하겠어. 지금 너의 상황에도 필요한 말일 거 같아."

역시 단짝 친구였다. 현수는 태지가 전해준 말이 이번 썰전에 중요한 포인트가 될 것 같은 예감이 들었다.

"아, 정말 그럴 수 있겠다. 고마워."

태지는 격려의 뜻으로 현수의 어깨를 독독 두드렸고, 현수는 고맙다는 의미로 웃어 보였다.

* * *

현수는 세 번째 썰전을 위해 이전보다 더 많은 책을 찾아보았다. 그리고 내린 결론은 자신의 마음을 아빠에게 솔직하게 보여주자는 거다. 브랜드 점퍼를 입고 싶은 그 마음을 효과적으로 보여주기 위해 브랜드는 지역과 세대를 아우르는 문화로써 큰 몫을 하고 있고, 브랜드가 보여주는 감성과 문화가 곧 자신을 표현하는 도구가 된다는 것을 보여줄 생각이다. 물론 거꾸로 보면 감동을 주는 문화가 곧 브랜드가 되는 경우도 있다. 우리나라의 대중문화는 한류라는 브랜드가 되어 세계 속에서 또 다른 대한민국의 이미지를 만들고, 국가 브랜드의 경쟁력을 높이는 데 큰 몫을 하고 있지 않은가.

현수는 이런 내용을 효과적으로, 또 태지가 알려준 말처럼 흥미롭게 아빠에게 보여줘야 했다. 설득을 위해 흥미로움을 준다는 것은 마케팅에서 중요하게 생각하는 것 중의 하나였다. 광고를 재미있게 또는 반전으로 강한 인상이 남게 하는 것은 모두 그 제품을 사도록 설득하기 위한 것이다. 현수는 지금 그 마케팅 기법을 이용하여 아빠의 마음을 움직여야 한다.

현수는 다시 누나의 방 앞에 섰다. 책과 함께 현수가 도움을 받을 수 있는 존재는 이번에도 누나였다.

"누~나~."

현수가 누나를 다정하게 불렀다.

"음, 목소리에 부탁, 부탁, 부탁이라는 소리가 담겨 있는데?"

연수는 이번에도 엄마처럼 현수의 목소리만 듣고도 현수의 마음을 알아차렸다. 아마 엄마가 단번에 현수의 마음을 알아차렸다면 현수는 엄마의 선제공격에 대비하여 들킨 마음을 애써 숨기려 했을지 모른다. 하지만 누나에겐 그러지 않았다. 누나는 엄마와 비슷하지만 결정적으로 현수가 생각하는 꽉 막힌 어른은 아니었기 때문이다.

왜 이렇게 부모와 자식의 관계, 청소년과 어른의 관계는 껄끄러운 걸까? 그건 이 시기의 특징일 것이다. 아이에서 어른으로 가는 중간 단계인 청소년기의 아이, 그리고 어린아이를 키우던 상태에서 아직 벗어나지 못한 부모, 둘은 모두 격변기에 서서 혼란을 겪고 있는 것이다. 순식간에 어른 행세를 하려고 하는 아이와 그런 아이를 어린아이로만 보려 하는 어른의 불협화음. 하지만 곰곰이 생각해보면 부모들은 모두 이 시기의 아이들을 알고 있다. 부모들 중 청소년 시기를 거치지 않은 사람은 없기 때문이다. 그 당시 나는 부모를 어떻게 보았는지, 자신을 어떻게 느꼈는지 떠올려 보면 된다. 고대부터 현대까지 이어져 오는 불변의 말이 있다지 않은가. "요즘 젊은 것들은 아무튼." 그렇다면 답은 부모 쪽에서 쥐고 있다고 보는 것이 맞을 것 같다.

현수는 누나에게 귀여운 미소를 보이며 본격적으로 부탁을 하기 시작했다.

"누나, 내가 이번 썰전의 콘셉트를 잡았거든."

"그래? 뭔데?"

"브랜드와 나."

현수의 대답에 연수는 어떤 것인지 금방 알아차릴 수 없었다. 현수는 설명을 이었다.

"나에게 있어서 브랜드가 갖는 의미를 이야기할 거야. 문화, 스포츠, 패션 등에서 드러나는 브랜드의 상징성과 브랜드를 통해 사람들이 느끼는 감정을 보여주어서 브랜드 점퍼가 내 생활에 중요하다고 이야기하는 거지."

"오, 그러니까 이 노래가 떠오르는걸."

누나는 곧바로 광고 노래 하나를 흥얼거렸다.

"말하지 않아도 알아요. 그냥 바라보면……."

"응? 그 노래가 왜?"

현수는 자신의 이야기와 초코파이 광고 노래가 무슨 관계가 있다는 건지 알 수 없었다.

"초코파이는 최고의 한류 과자라고 할 수 있어. 우리나라뿐 아니라 아시아, 러시아에서도 큰 인기가 있지. 내 친구는 대만의 편의점에서 초코파이를 사먹었다고 하더라고. 그런데 이 초코파이가 한때 없어질 뻔했대."

"왜?"

현수는 맛있는 초코파이가 없어질 뻔했다는 것에 놀랐다.

"초코파이 회사는 매출이 시원치 않자 초코파이를 그만 만들어야 할지 고민했지. 그러다가 '정(情)' 마케팅을 하기 시작한 거야. 우리나라 사람들이 정도 많고 또 정에 약하잖아. 낱개로 팔던 초코파이를 한 상자씩 묶어 판매하면서 정을 나누듯 초코파이를 나눠 먹으라고 한 거야. 이 마케팅은 딱 맞아떨어졌어. 정 마케팅을 통해 잊었던 초코파이를 다시 생각하게 되고, 정말 정을 나누듯 초코파이가 팔려나갔어. 판매가 살아난 거지."

"와, 그랬구나."

누나의 이야기는 현수에겐 너무나 신기했다. 초코파이라는 브랜드에 정이란 상징성과 감정을 넣었더니 잊혔던 제품과 브랜드가 사람들에게 더 큰 사랑을 받았기 때문이다.

"그뿐만이 아니야. 초코파이는 군인들에겐 최고의 간식이면서 군대에 다녀온 사람들에겐 잊지 못할 추억으로 여겨지지."

"초코파이가 군인들과 관련이 있다고?"

"응, 군대에서는 단 음식을 먹는 일이 사회에 있을 때보다 적대. 그래서 단 음식이 많이 그립다고 하더라고. 군대에 다녀온 선배들에게 들었지. 그래서 초코파이는 군대에서 폭발적인 사랑을 받는대. 군대에 다녀온 사람들 중에는 화장실에 숨어서 초코파이를 먹었다는 경험담을 털어놓는 경우도 있어."

누나의 설명에 현수는 누나가 어떤 이야기를 하는지 알 것 같았다.

"초코파이라는 제품을 넘어 초코파이 브랜드가 누군가에겐 따뜻한 정이며, 군 생활의 추억이 되는 거네."

"맞아, 우리 현수 이제 브랜드 전문가 다 됐는걸."

누나는 현수를 향해 엄지손가락을 들어 보였다. 초코파이 이야기를 듣고 보니 현수도 생각나는 이야기가 있었다.

"누나, 전에 야구 관련 책을 읽은 적이 있는데 오랫동안 LA 다저스 팀의 선수로 뛰었고 그 팀의 감독도 했던 토미 라소다라는 사람은 자기 몸에 파란 피가 흐른다고 말했대. LA 다저스 유니폼

이 파란색인데 그 자체가 자신이었다고 말한 거지. 나도 LA 다저스 팬이라서 그 팀의 로고가 들어간 모자만 쓰고 싶고 야구 점퍼도 사고 싶고 그렇거든. 이건 단순히 제품을 원하는 것을 넘어서는 거잖아. LA 다저스를 통해 내 가슴이 뛰는 거니까. 스포츠 브랜드에는 특히 그런 특성이 있는 것 같아."

"맞아, 네 말대로 브랜드는 그렇게 가슴을 뛰게 하는 게 있지. 그런 브랜드 문화를 찾아보면 꽤 될 거야. 브랜드 점퍼가 필요한 이유를 설명하는데 흥미로우면서도 적절한 예가 될 거야."

"알았어. 스포츠 하면 또 나지."

현수는 자신만만해했다.

"하지만 그것만으로 다 되었다고 생각하면 곤란해. 상대는 아빠야. 아빠는 분명히 이 이야기에 맞설 다른 이야기를 하실 거라고. 긴장을 늦추지 마."

현수와 달리 연수의 마무리는 꽤 진지했다. 하지만 연수의 걱정대로 현수는 벌써 들떠 있었다. 아빠의 공격이 무엇이 될지는 현수의 머릿속에 없었다. 현수는 자신이 생각한 공격 무기에 이미 정신이 팔려 있었다.

나를 담은 브랜드, 브랜드를 닮은 나

현수가 '브랜드와 나'라는 주제를 고민하며 가상 먼저 생각한 것은 생활 속에 들어와 있는 브랜드였다. 누나가 이야기했던 초코 파이 사례처럼 브랜드는 우리와 함께 살아가고 있었다. 그래서 브랜드는 우리의 생활을 담고 있다고 할 수 있었다. 또 어떤 경우에는 브랜드에 의해 우리의 생활이 변화하고 있었다.

"스타벅스*, 이거 흥미로운데."

책을 뒤적이던 현수는 스타벅스 이야기에 강한 흥미를 느꼈다.

현수는 가끔 카페에 간다. 더운 여름이면 온 가족이 카페에서 팥빙수를 즐기기도 하고 할머니, 할아버지를 만나서 식사를 한 뒤 함께 카페에 가기도 한다. 할머니는 왜 괜한 돈을 쓰냐고 하셨지만 그곳에서 마시는 커피를 좋아하는 눈치였다. 스타벅스에서 시작된 카페 문화를 나이와 상관없이 누구나 즐기고 있었던 것이다.

그것은 남녀도 아울렀다. 현수에게 카페가 낯설지 않은 것은

스타벅스는 1971년 미국 시애틀에서 처음으로 문을 열었다. 이후 빠르게 성장하여 지금은 세계 최대 커피 전문점이 되었다. 세계 64개국에 2,300개가 넘는 스타벅스 매장이 있는데 우리나라에만도 700개가 넘는다.

일찍이 초등학생 때 가본 적이 있기 때문이다. 지금은 남자 중학교에 다녀서 갈 일이 별로 없지만 초등학생 때는 여자아이들이 가자고 해서 몇 번 가곤 했다. 여자아이들은 능숙하게 주문을 하고 카페 분위기를 즐겼다. 당시 현수는 용돈을 이렇게 써도 될까 하고 생각했지만 시간이 지나면서 그 생각은 바뀌었다. 카페는 분위기도 그렇고 집에서 먹던 핫초코와는 차원이 다르게 내주었다. 예쁜 컵과 컵받침까지 내어주니 제대로 대접 받는 느낌이 들어 돈이 아깝다는 생각이 곧 사라졌던 것이다. 게다가 카페의 조명과 따뜻한 분위기는 서로의 이야기에 더 집중할 수 있게 했다. 현수는 그래서 연인들이 카페에 가는 거라고 생각했다.

또 기억에 남는 것은 책을 보거나 노트북을 켜고 일을 하는 사람들이었다. 이 모습은 이제 어느 카페에서나 흔한 풍경이 되었다. 그런데 그 이유를 오늘 현수가 찾아낸 것이다.

스타벅스 카페 문화의 시작 미국에는 지금 같은 카페 문화가 없었다. 스타벅스의 하워드 슐츠 회장은 처음 간 이탈리아 카페에서 강한 인상을 받게 된다. 백 년이 넘은 상점은 바닥이 나무로 되어 있어서 걸을 때마다 나무 소리가 났는데 그 소리가 꽤 정겹게 들렸다. 그리고 커피를 만드는 바리스타는 향긋한 커피 향을 품으며 반갑게 손님을 맞았다. 그곳에서는 누구든 반갑게 인사를 나누고 편하게 교류하고 있었다.

현수는 스타벅스 회장이 쓴 책의 일부를 보면서 이탈리아의 카페를 상상했다. 이탈리아 남자들은 꽤 잘생겼다는데 그들이 커피를 만들고 환하게 웃으며 인사를 건넨다면 최소한 여자들은 기분이 좋아졌을 것 같다는 상상을 했다. 그리고 이런 경험이 오늘날 세계 최대의 커피 체인점인 스타벅스의 탄생으로 이어졌다는 것이 신기했다.

스타벅스는 제3의 공간 외국의 트렌드 전문가인 크리스티안 미쿤다는 스타벅스를 제3의 공간이라고 했다. 제1의 공간인 집, 제2의 공간인 일터, 그리고 제1, 2 공간과는 다른 편안함을 주는 놀이문화 공간을 제3의 공간이라 명했다.

스타벅스는 "우리는 커피 비즈니스가 아니라, 피플 비즈니스를 합니다"라고 말한다. 스타벅스에서는 단순히 커피를 파는 것이 아니라 사람들이 쉬고, 일하고, 소통할 수 있는 편안한 분위기를 판다는 의미다. 안락한 의자가 있고, 음악이 있고, 공짜로 사용할 수 있는 전원과 인터넷이 있다. 그래서 이곳에서는 이야기를 나누는 것은 물론 공부나 일을 하는 것이 가능하다.

오늘날 젊은이들 중에는 카페에서 공부를 하거나 일을 한 경험을 가진 경우가 많다. 이것이 새로운 문화가 된 것이다. 미국의 젊은이들은 대학 시절 스타벅스에서 리포트를 쓴 기억에 직장인이 되어서도 스타벅스에서 일을 한다. 스타벅스가 새로운 생활 문화를 이끈 셈이며, 그들에게 스타벅스는 편안함이었던 것이다.

현수는 브랜드가 만든 새로운 문화로 많은 사람들에게 익숙한 스타벅스와 카페 문화를 정리했다. 그리고 더불어 스타벅스라는 브랜드 이름이 『모비딕』이란 소설에 등장하는 일등 항해사 '스타벅'이라는 인물에서 시작되었다는 것을 알게 되었다.

"브랜드의 연관성은 정말 광범위하군."

현수는 꼬리를 물고 이어지는 브랜드 이야기가 재미있었다.

브랜드는 문학 작품 속에도 등장했다.

노을에

말을 삼킨

발자국이 나 있다

술 마시러 갔을까

너 어디 갔니

로케트 건전지 위에 결박 지은

금성 라디오

한번 때려 끄고

허리를 돌려

등뼈를 푼다

    장석남 시인의 「격렬비열도」의 일부이다. 브랜드는 시에서도 적절하게 활용되고 있었다. 현수는 브랜드를 뱀파이어라며 사라져야 할 것이라 주장하는 아빠에게 이 시 한 편이 효과적인 공격 무기가 되리라 생각했다. 브랜드는 시에서도 대체 불가능한 시어였던 것이다.

    마지막으로 현수는 브랜드가 제품의 이름으로 여겨지는 사례까지 살폈다.

    "사람들은 스테이플러를 호치키스라고 불러. 호치키스는 스테이플러 브랜드 중 하나일 뿐인데. 그뿐이 아니지. 우리 할머니는 인공 조미료를 모두 다시다라고 말씀하셔. 다시다라는 브랜드가 곧 인공 조미료를 상징하는 거지. 그런 면에서는 딤채도 마찬가지야. 김치 냉장고를 딤채라고 불러버리는 경우도 많으니까."

    문학 작품 속에 등장하는 브랜드와 생활 속 브랜드의 상징 사례를 살피며 현수는 자신의 생각이 틀리지 않았음을 다시 한 번 확인했다.

    "브랜드가 곧 자신이 되는 경우는 정말 많군. 제품의 이름보다 브랜드로 부르는 경우까지 생기고 말이야. 문학 작품에서조차 브랜드를 드러내야 설명이 될 정도로 브랜드는 친숙한 거지."

정리 노트를 바라보는 현수의 얼굴에는 뿌듯함이 가득했다. 이
제 무기가 어느 정도 준비된 것이다. 하지만 여기서 끝이 아니었
다. 이것들을 효과적으로 보여주기 위한 작업을 해야 한다. 썰전
이 점점 치열해진 것이다. 하지만 현수는 알고 있었다. 이 싸움이
막바지에 와 있다는 것을. 그래서 남은 힘을 모두 쏟아내리라 생
각했다.

썰전 제3라운드

1대 1 상황. 동점 상황에 이어지는 세 번째 썰전.

가족들은 다시 거실에 모였다. 하지만 이전과는 다른 분위기
다. 아무래도 결승이라 할 수 있는 상황이다 보니 긴장감이 더했
다. 삼세번! 얼마나 공평한가. 이제 현수에게도, 상호 씨에게도 더
이상의 기회는 주어지지 않을 터였다.

이번에도 공격권은 현수에게 주어졌다. 현수는 긴장감을 뚫고
앞으로 나섰다. 그러고는 꾸뻑 인사부터 했다.

"지금까지의 썰전 중 가장 솔직한 이야기를 풀어내겠습니다.

왜 브랜드 점퍼여야 하는가? 그것은 제가 그 브랜드를 간절히 원하기 때문입니다. 뱀파이어에 물려서인지도 모르겠습니다. 하지만 그게 다가 아닙니다. 우리는 브랜드를 통해 숨 쉬고 생활합니다. 브랜드에는 문화가, 살아 있는 감정이 담겨 있기 때문입니다."

현수는 솔직한 이야기를 시작으로 본격적인 설명에 들어갔다.

"남자들이 꾸는 악몽 중 하나가 뭔지 아시나요?"

현수의 질문에 가장 먼저 반응을 한 건 경미 씨였다. 경미 씨는 이 퀴즈를 너무나 맞히고 싶었다. 하지만 안타깝게도 경미 씨는 여자였다. 좀처럼 상상이 되지 않았다.

"뭐야?"

경미 씨가 슬쩍 상호 씨에게 물었다. 하지만 상호 씨도 모르는 눈치였다. 아무도 대답을 하지 못하자 현수가 입을 열었다.

"남자들에게 제일 끔찍한 악몽은…… 다시 군대에 가는 꿈이랍니다."

현수의 말에 가족들은 웃음을 터뜨렸다. 젊은 날에 가족과 친구들을 떠나 홀로 군대에 가는 것이 두렵고 슬픈 일이란 건 충분히 짐작되는 일이다. 그런데 거길 또 가는 꿈이라니…….

가족들을 한 번 웃겨주었으니 이번에도 충분히 흥미롭게 시작을 한 셈이다. 현수는 이어 본론으로 들어갔다.

"하지만 남자들은 군대 이야기를 즐겨 합니다. 자신들의 소중

한 추억이니까요. 그런데 이 추억에 함께하는 것이 있습니다. 바로 초코파이입니다. 군대에 다녀온 사람들에게 초코파이는 당시 자신을 달콤하게 위로했던 기억으로 남아 있습니다. 또 군대에 간 남자친구를 두었던 여자들에겐 꼭 챙겨 보내야 했던 품목 중 하나로 기억되지요. 그래서 브랜드는 우리의 추억이 되고, 잊었던 감정을 되살려줍니다. 브랜드가 그 당시의 자신을 보여주는 거지요."

아빠는 현수의 이야기에 고개를 끄덕였다. 긍정적인 반응이었다. 현수는 이제 다른 카드를 꺼내 들었다.

"앞서 저는 브랜드가 세상을 바꾸었으며, 착한 브랜드가 많이 있다는 이야기를 했습니다. 이것은 브랜드가 나를 바꾼 것이며 내게 멋진 일이 일어나게 했다는 것으로 이어집니다. 많은 사람들이 경험하는 예를 하나 이야기하겠습니다."

현수는 미리 준비해두었던 핫초코를 손에 들었다. 그리고 눈짓과 손짓으로 가족들에게도 차를 권했다. 엄마와 누나가 현수의 손짓에 따라 찻잔을 들어올렸다.

"요즘 스타벅스를 비롯한 카페에 가면 이런 모습을 흔히 보게 됩니다. 은은한 조명 아래 음악이 흐르고, 따뜻한 커피를 옆에 두고 책을 보거나 노트북으로 일을 하는 사람들이요. 이들은 전투적으로 일하거나 도서관에서 책에 머리를 박고 공부를 하는 것보다 한결 편안해 보입니다. 이것은 스타벅스에서 시작된 카페 문화가 만든 모습입니다. 스타벅스와 사람이 만나 생긴 새로운 생활 문화입니다."

현수는 노트에 정리해 두었던 스타벅스의 시작과 제3의 공간에 대한 이야기를 설명했다. 스타벅스라는 브랜드가 표방했던 편안한 분위기가 카페 문화를 이끌었고, 사람들이 이를 즐기게 되었다는 것을.

"이렇게 스타벅스와 같은 카페 브랜드는 많은 사람들에게 편안함의 공간이 되었지요."

현수는 달콤한 핫초코 한 모금을 홀짝 마셨다. 핫초코만큼 브랜드는 현수에게 달콤한 것이었다. 현수를 따라 가족들도 차를 홀짝였다.

다음 공격 무기는 현수가 좋아하는 스포츠 이야기다. 현수는 평소 아끼던 축구공을 들어 보였다. 브라질 월드컵의 상징, 브라질 월드컵 공인구인 브라주카였다. 현수는 어린이들의 노동력을 착취하여 축구공을 만든다는 끔찍한 이야기를 했던 아빠 앞에서 축구공을 내세우는 것은 위험한 일이라고 생각했다. 그 당시 자신이 깨끗하게 패배를 인정했던 것도 진심이었기 때문이다. 하지만 현수에게 스포츠는 분명 큰 부분이었기 때문에 무조건 뺄 수는 없었다. 솔직해서 강렬한 공격을 하고 싶었다.

"이 축구공은 제가 가장 아끼는 축구공입니다. 축구공은 발로

차야 제맛이겠지만 저는 이 축구공을 방에 잘 모셔두고 있지요. 그건 축구공이 그 자체만으로 제 가슴을 뛰게 하기 때문입니다. LA 다저스 팀의 전 감독인 토미 라소다는 자신에게 파란색 피가 흐른다고 말했습니다. 삼성 라이온즈에서 은퇴한 양준혁 선수 역시 같은 말을 했지요. 삼성 라이온즈를 상징하는 색깔인 파란색을 자신과 동일시한 것입니다. 하지만 이것은 한 선수만의 경험은 아닐 겁니다. 스포츠에 열광하는 많은 사람들은 스포츠 브랜드를 통해 가슴이 뛰기도 합니다. 스포츠를 좋아해서 스포츠에 이용되는 브랜드에도 비슷한 감정을 느끼는 것이지요. 어른들이 어릴 적 어머니의 손맛 혹은 고향의 맛을 잊지 못하고 그 맛을 찾는 것과 같은 이치입니다. 그래서 브랜드는 단순한 상표가 아니지요. 브랜드가 나의 일부가 될 수 있다는 겁니다."

현수는 브랜드가 사람들과 얼마나 밀접한 관계인지를 설명하며 공격을 마쳤다. 그러자 아빠의 질문이 이어졌다.

"브랜드로 자신을 표현한다고 봐도 되겠니?"

"음, 그렇게 볼 수 있지요. 늘 그렇지는 않겠지만 브랜드가 그 사람을 보여주는 경우는 분명히 있으니까요."

현수의 말에 아빠는 고개를 가로저었다.

"전에 이런 말을 들은 적이 있다. 인간은 세상에 하나뿐인 '원본'으로 태어나서 죽을 때는 비슷비슷한 '복사본'으로 죽는다."

상호 씨의 한마디는 강력했다. 상호 씨는 브랜드 부족에 이어 브랜드를 통해서만 자신을 드러내려 하는 나약한 인간을 꼬집으려는 것이다.

사이렌 여신을 상징하는 스타벅스의 로고

"사람들은 백화점에 신들이 가득하다고 말한단다. 이게 무슨 말인지 아니?"

상호 씨가 현수를 향해 물었다. 현수는 아무 대답도 하지 못했다. 더불어 퀴즈에 강한 경미 씨도 답을 하지 못했다.

"네가 예로 든 스타벅스의 상징은 그리스 로마 신화에 나오는 사이렌 여신이란다. 사이렌은 반은 사람, 반은 물고기로 아름다운 노래를 하는 신이었지. 하지만 사이렌의 노래에 선원들이 넋을 잃어 배가 암초에 부딪힌다고 하여 사이렌은 무서운 신으로 알려졌어. 그래도 사이렌이 스타벅스의 상징이 된 건 커피 운반선에 사이렌 깃발을 달고 다녔기 때문이야. 스타벅스에서는 사이렌을 로고로 사용하면서 커피를 수호한다, 또 사이렌이 노래로 유혹했듯이 커피 맛으로 사람들을 유혹한다는 의미로 설명하고 있어. 그런데 신을 브랜드 로고로 쓴 경우는 아주 많단다. 나이키는 승리의 여신 니케에서 시작되었고, 고급 가방 브랜드인 에르메스 역시 그리스 신화에 나오는 올림푸스의 열두 신 가운데 하나지. 패션 브랜드인 칼립소는 오디세우스를 유혹했던 신이고, 시간의 신인 크로노스

승리의 여신 니케상과 나이키 로고

는 시계 브랜드로 쓰이며, 물의 요정 닉스는 청바지 브랜드, 헤라 여신은 화장품 브랜드로 쓰였어. 아 그리고 네가 말했던 초코파이 회사인 오리온은 포세이돈의 아들 이름이란다. 어떠니? 백화점에 신들이 산다고 말할 만하지?"

현수는 아빠의 말을 흥미롭게 듣고 있었다.

"브랜드는 이야기가 어우러질 때 큰 힘을 발하지. 재미있는 이야기를 싫어하는 사람은 없으니까. 그래서 아마 많은 회사들이 신화 이야기를 제품에 입히려 했을 거야. 하지만 아빠가 보기에는 말이다. 인간이 강력한 신의 힘을 빌려 자신을 드러내려 하는 게 아닌가 싶어. 신화에서 브랜드 로고를 따오는 것도 삶의 불안함을 이런 식으로 보완하려는 것 같고 말이야. 신의 이름을 단 브랜드를 갖는다고 자신이 강해지거나 멋있어지는 게 아닌데."

상호 씨는 애써 현수와 눈을 맞추며 이야기를 이었다. 흥미롭게 듣고 있던 현수는 자신이 다시 아빠의 공격에 말리고 있다는 느낌이 들었다. 상호 씨는 이 기세를 멈추지 않았다.

"브랜드가 가슴을 뛰게 한다고 했는데 그럴 수 있지. 아빠도 경험하지 않은 건 아니야. 하지만 마케팅 분야에선 이걸 감성 마케팅*이라고 한단다. 사람의 마음을 움직여서 물건을 사게 하는 거야. 네가 좋아하는 햄버기로 예를 들어보마. 맥도날드에서 전에 이런 광고를 한 적이 있었어. 동생이 수험생인 누나 방에 몰래 들어갔다가 나오자 누나가 화를 내지. 그런데 방에 가보니 동생이 준비한 햄버거 세트와 시험 잘 보라는 메시지가 있는 거야. 가족의 사랑이 느껴지는 장면이었지. 몸에 해롭다는 패스트푸드였지만 가족 사랑을 담은 모습에 사람들은 맥도날드에 가고 싶은 마음이 들었을 거야. 또 맥도날드는 유럽에서 '몸에 해로우니 아이들에게 일주일에 1회 이상 먹이지 마세요'라는 광고도 했어. 그러자 맥도날드의 매출이 오히려 늘었다는구나. 사람들은 맥도날드가 정직하다고 느꼈던 거야. 그런데 아이의 건강을 걱정하는 회사가 정크푸드(junk food)를 만들어 판다는 건 앞뒤가 맞지 않잖아? 맥도날드는 그저 광고를 통해 사람들의 감성을 자극하는 마케팅을

감성 마케팅은 향, 맛, 음악, 색깔, 분위기, 정서 등을 활용해 소비자의 감성을 자극하는 마케팅 기법. 라벨에 '잘될 거야', '웃어요' 등의 문구를 넣은 코카콜라 광고, 고급 브랜드 매장에서 방향제를 이용해 쾌적한 쇼핑 환경을 제공하는 것 등을 예로 들 수 있다. 스토리텔링 마케팅은 브랜드의 특성과 잘 어울리는 이야기를 만들어 소비자의 마음을 움직이는 감성 마케팅의 일종이다.

한 거야. 그들의 분명한 목적은 판매를 늘리는 데 있었던 거지."

상호 씨는 침을 한 번 삼키고는 다시 이야기를 이어갔다.

"우리는 갖고 싶은 것을 처음 갖게 될 때 기분이 굉장히 좋아져. 더운 여름에 팥빙수를 한 입 떠먹었을 때의 달콤함과 시원함은 최고지. 하지만 계속 먹으면 나중에는 추위가 느껴지고 배탈이 나지 않을까 하는 기분 나쁜 느낌이 들기도 해. 이게 경제에서 말하는 한계효용이라는 거야. 물건을 가질 때 생기는 만족감이 일정 양이나 일정 시간이 지나면 더 이상 생기지 않는 거야. 그러면 사람들은 더 이상 그것을 소비하지 않게 되지. 처음에 맛있게 먹었던 팥빙수에 더는 손이 가지 않는 것처럼 말이야. 그런데 브랜드는 그렇게 되지 않게 하려고 안간힘을 쓰지. 한계효용이 되지 않도록 계속 신제품을 만들어내는 거야. 몇 년식 제품이라는 구분으로, 신상품이라는 이름으로. 실제로 크게 달라진 것도 없는 물건이지만 사람들은 새로운 것을 샀다는 생각을 하며 계속 소비하는 거야. 이게 소비주의와 물질주의를 일으키는 거야. 새로운 물건을 갖고 있지 않으면 실패자처럼 느껴지는 거지. 게다가 이런 지나친 소비는 환경문제를 일으키기도 해."

아빠의 쉼 없는 공격에 현수의 얼굴은 점점 일그러졌다. 자신의 생각을 솔직하게 드러낸 강한 펀치를 날렸다고 생각했는데 아빠는 끄떡없었던 거다. 엄마와 누나는 이 상황이 난처하고 안타까웠다. 하지만 눈치 없는 상호 씨는 이야기를 멈추지 않았다.

"브랜드가 판을 치니 더불어 판치는 것이 있단다. 바로 짝퉁이지. 아빠가 어릴 때는 가짜를 거꾸로 해서 짜가라고도 불렀는데 이제는 짝퉁이란 말이 공식적인 명칭처럼 쓰이더구나. 얼마 전에 영화 〈건축학개론〉을 보았는네 많은 장면 중에서도 잊을 수 없는 것이 있었어. 남자 주인공인 이제훈이 수지를 만나러 가는데 평소 아끼던 옷을 골라서 입고 나가지. 그런데 그 옷을 본 주위 친구들은 뒤에서 수군대며 비웃었어. 그 옷에는 'guess'가 아니라 'geuss'라고 쓰였기 때문이야. 너도 게스라는 캐주얼 브랜드를 알고 있을 거야. 주인공은 게스의 짝퉁 티셔츠를 입었어. 진짜 게스 티셔츠를 살 돈은 없었지만 그 브랜드의 옷을 가지고 싶어서 제우스 티셔츠에 집착했던 거야. 이건 많은 이들이 경험했을 법한 이야기라서 더욱 공감을 샀다고 생각해. 우리나라도 짝퉁이 판을 치는 편이니까. 그런데 요즘에는 중국을 따라가진 못하는 것 같더구나. 중국은 최고의 짝퉁 천국으로 알려져 있지. 중국에서는 제품을 고를 때 로고를 유심히 봐야 해. 얼마나 비슷하게 만들어서 버젓이 내놓고 파는지 진짜와 가짜를 가리기가 힘들 정도야. 심지어 우리나라 드라마가 인기가 있다면 그 포스터도 그대로 따라 해서 전지현인가 싶어서 들여다보면 그 자리에 중국 배우가 떡하니 있지. 작가의, 디자이너의, 더 나아가 브랜드 회사의 노력을 한순간에 무너뜨리는 거지. 이건 창작의 고통을 견디며 새로운 것을 만들어 낸 작가의 노력을 훔치는 거고, 긴 시간 동안 브랜드 이미지를 만든 기업의 자산을 도둑질하는 거야. 그런데 이게 다가 아니야. 가짜를 쓰는 것에 죄책감도 없어서 큰 사고도 있었단다. 몇 년 전 중국에서 홍수가 나서 제방이 무너져 많은 사람이 다치고 숨지는 일이 일어났어. 사람들은 큰 사고에 놀랐지. 그런데 사고 조사를 하면서 더욱 놀라운 사실을 발견했어. 무너진 제방을 보니 철근과 콘크리트가 아니라 두부 찌꺼기들이 섞여 있었던 거야. 정말 기가 막히지. 두부 찌꺼기를 섞어서 제방을 만들다니 말이야."

상호 씨는 자기 이야기에 빠져서 혼자 혀를 차며 한탄했지만 경미 씨는 일그러지는 현수의 얼굴을 더 이상 볼 수 없었다.

"아이, 이제 그만해요. 현수에 비해서 당신은 너무 오래 공격했어."

경미 씨는 이 싸움을 여기에서 막아야 한다고 생각했다.

엄마의 걱정하는 마음이 느껴졌던 걸까? 현수의 눈가가 붉어졌다. 그 모습을 보다 못한 연수도 한마디를 했다.

"두 사람을 보고 있으니 보르헤스의 소설 「기억의 천재 푸네스」가 생각나요. 푸네스는 자신이 본 한순간의 모든 것을 기억하지요. 하지만 자신이 본 것을 묶어서 생각하는 능력은 없어요. 아빠도 현수도 너무 한쪽으로만 치우쳐가는 게 아닌가 싶어요."

하지만 이 순간 연수의 말은 별다른 힘을 발휘하지 못했다. 현수의 눈가에서 눈물이 한 방울 또르르 흘러내렸던 것이다. 현수는 겨우 한마디를 내뱉었다.

"나는 그 점퍼가 입고 싶어. 그것뿐이라고. 내 마음이 그래, 마음이!"

현수의 마지막 목소리에는 물기까지 차 있었다. 현수는 또 눈물을 보일까 봐 서둘러 자기 방으로 들어가 버렸다.

엄마도 아빠도 누나도 현수의 방문을 열 수 없었다. 그렇게 그날의 썰전은 결론을 내지 못하고 어색하게 끝이 났다.

상호의 추억

늦은 밤, 경미 씨는 침대에서 상호 씨에게 한마디를 건넸다.

"여보, 이제 그만하고 우리 현수 점퍼 사주자. 응?"

아무 답이 없었다. 경미 씨는 상호 씨 쪽으로 몸을 돌렸다. 상호 씨는 아직 자고 있지 않았다. 생각에 잠긴 모습이었다. 하긴 점퍼를 사주려 했다면 2라운드에서 현수가 이겼을 때 사줬을 것이다.

경미 씨는 다시 한 번 상호 씨를 달래보았다.

"마음이 그렇다잖아, 마음이. 머리는 마음을 당해낼 수 없다는 거 당신도 알잖아."

경미 씨의 말에 상호 씨는 긴 숨을 내쉬었다. 경미 씨의 말은 정확했다. 사람은 마음을 당해내기 어렵다. 그래서 가장 힘이 센 것이 사랑이지 않은가. 마음만이 불행을 행복으로, 행복을 불행으로 만들 수 있으니 우리는 늘 마음을 다잡으려 노력하고 노력하는 것이다. 때로는 그 노력이 힘에 부칠 때가 많은 것이고.

"여보, 그냥 사줘. 자식 이기는 부모가 어딨어. 현수가 노력했잖아. 인정해주자고. 당신도 현수 같은 마음 없었어?"

경미 씨는 재차 상호 씨의 결정을 독촉했다. 그러자 상호 씨가 이야기 하나를 시작했다.

"여보, 기억나? 우리 어릴 때 신발 도둑 많았던 거?"

* * *

때는 1980년대. 강남이 신도시로 떠오르고 있었고, 그보다 더 뜨겁게 메이커 운동화 바람이 불었다(그때는 브랜드란 말보다 메이커란 말이 더 많이 쓰였다). 나이키, 프로스펙스라는 양대 산맥 가장자리로 월드컵과 프로월드컵, 페가소스, 스펙스 등의 메이커 운동화가 자리했다. 그리고 아직은 생소한 메이커인 퓨마와 아디다스 등이 간혹 눈에 띄었다.

당시 청소년들은 나이키와 프로스펙스 운동화를 신는 것이 꿈이었다. 그래서 그 꿈을 이룬 아이들은 그것을 드러내기 위해 노력했다. 바시는 발목이 훤히 드러나는 짧은 길이로 자리 잡았다. 앉으면 바짓단이 종아리 쪽으로 한참 올라갔지만 상관없었다. 그게 운동화의 메이커를 가리지 않는 길이자 곧 유행이었으므로.

그뿐이 아니었다. 짧은 바짓단에 어울리게 웃옷의 길이도 길지 않았다. 그건 패션에서 중요시하는 균형의 문제이기도 했지만 그 당시 청바지 패션계를 주름잡던 리, 조다쉬 상표를 가리지 않기 위해서이기도 했다. 그때는 메이커라 불리던 브랜드의 화려한 시작이 이루어진 시기였다.

가난한 달동네의 변두리에 사는 상호에게는 한 가지 소원이 있었다.

'나도 나이키 운동화가 하나 있었으면……'

시내에 가는 일은 일 년에 딱 한 번, 세뱃돈 받고 미도파 백화점에 가서 새 학기 노트를 사는 일이 다였지만 상호도 요즘 유행이 무엇인지는 알고 있었다. 눈 감고 귀 막고 사는 것은 아니었으므로. 더구나 학교에 가면 하루가 다르게 친구들의 신발은 나이키와 프로스펙스로 바뀌고 있었다. 심지어는 형들이나 들 것 같은 커다란 프로스펙스 가방을 들고 오는 아이들도 있었다. 교복 자유화에 맞춰 아이들에게 옷과 신발의 자유가 생기면서 브랜드 운동화와 가방은 빠르게 유행했다.

"운동화 샀네?"

"히히, 드디어 엄마가 사줬어."

"기왕이면 나이키로 하지 그랬어?"

"그래도 우리나라 꺼 신어야지. 난 프로스펙스가 좋아."

"어차피 나이키도 화승에서 만들어.* 메이커만 그런 건데 뭐."

"근데 넌 뭐냐? 너야말로 프로스펙스 신고 싶다고 했잖아."

나이키를 신은 아이와 프로스펙스를 신은 아이가 옆에 있던 친구의 신발을 보며 물었다. 그 아이의 신발은 스펙스였다.

"엄마가 이거 신으래. 무슨 운동화가 몇만 원씩 하냐며 죽어도 안 된다잖아. 그래도 내가 하도 조르니까 스펙스라도 사준다며."

"하하, 스펙스 붙었다고 그게 프로스펙스랑 같냐?"

프로스펙스를 신은 아이는 의기양양하게 말했다.

"그러니까 말이야. 우리 엄마는 도통 말이 안 통해. 메이커가 뭔 줄 모른다니까."

스펙스 운동화를 신은 아이는 새 신발을 신고도 기분이 좋아

당시 나이키 공장이 우리나라에 있었다. 나이키는 일본에서 우리나라를 거쳐 동남아와 제3세계로 이동해 갔다.

보이지 않았다.

"야, 잔말 말고 우리 축구나 하러 나가자. 나 이거 빨리 떨어뜨릴 거야."

이번엔 월드컵 운동화를 신은 아이가 운동화를 땅바닥에 콕콕 찍으며 말했다.

"운동화가 찢어지면 이번엔 꼭 나이키 사달라고 하려고."

"하하, 곧 장마라는데 괜히 물 새는 운동화 신는 거 아니고?"

나이키가 월드컵을 놀리듯 웃었다. 그 말에 아이들도 따라 웃었다.

상호는 친구들의 메이커 운동화 이야기에 끼고 싶었다. 하지만 메이커를 가지지 않은 자는 할 말이 별로 없었다. 그저 바라보고 듣는 것뿐.

"엄마, 나 갖고 싶은 게 있는데 사주면 안 돼?"

상호는 엄마에게 조심스레 말했다. 상호가 엄마에게 무언가를 사달라고 하는 일은 별로 없었다. 위로 형과 누나에 아래로 동생이 있는 상호는 형, 누나의 것을 물려받는 것을 당연하게 여겼다. 그리고 자기가 입던 것을 물려 입는 동생을 보며 그래도 자기는 형 바로 다음이라는 것에 안도했다. 그런데 운동화는 달랐다. 운동화는 물려받기 전에 구멍이 났으므로 각자의 몫을 마련하곤 했다.

"뭔데?"

엄마는 하던 일을 멈추지 않고 대답을 했다.

"갖고 싶은 운동화가 있어. 근데 좀 비싸."

상호는 하기 어려운 말이었던 '비싸다'는 말을 쉬지 않고 한꺼번에 내뱉어버렸다. 그렇게 하지 않고는 말하지 못할 것만 같았다. 상호의 말을 들은 엄마는 먼저 운동화부터 살폈다.

"비 새니?"

"응, 밑창이 갈라져서."

상호는 신발을 벗어서 바닥을 둥글게 말아 갈라진 것을 보여주었다. 굳이 그렇게 보여주지 않아도 상호의 신발은 충분히 낡아 있었다.

"음."

엄마는 알았다는 듯 고개를 끄덕였다. 그런데 상호는 아직 답을 듣지 못했다. 상호가 원하는 것은 단순한 운동화가 아니라 메이커 운동화였기 때문이다.

"엄마, 내가 원하는 걸로 사주면 안 돼요?"

상호의 목소리는 더 공손해졌다.

"얼마나 하는데?"

엄마는 대수롭지 않다는 듯 눈길도 주지 않고 물었다.

"몇만 원 한다던데…… 한 삼만 원 정도?"

상호의 말에 엄마가 획 고개를 돌렸다.

"무슨 운동화가 그렇게 비싸? 몇천 원이면 살 것을."

엄마의 표정에는 벌써 이해할 수 없다는 말이 쓰여 있었다.

"그게 메이커기 있어서…… 멋있기도 하고."

"메이커가 밥 먹여준대?"

엄마는 단칼에 거절을 했다. 상호도 엄마가 단번에 사줄 거라고 믿진 않았다. 그래도 혹시나 했던 기대감이 무너지자 실망감이 들었다. 상호의 고개가 절로 떨어졌다.

"너 사주면 누나, 형, 동생은 어떻게 해."

강단 있게 안 된다고 했던 엄마였지만 상호가 실망하는 모습을 보니 맘이 편치 않은지 상황 설명을 덧붙였다. 사실 어느 부모가 자식에게 좋은 것을 해주고 싶은 마음이 없겠는가. 그저 사정상 어쩔 수 없으니 그러는 것을.

상호는 엄마를 더 조르지 않았다. 집안 사정을 속속들이 알지는 않아도 상호 생각에도 메이커 운동화의 가격은 비쌌다. 갖고 싶지만, 너무나 갖고 싶지만 어쩔 수 없는 일이었던 것이다.

그런데 얼마 후, 상호에게 놀라운 일이 일어났다.

"상호야, 아빠가 운동화 사오셨네."

엄마가 생글생글 웃으며 상호에게 비닐봉지 하나를 내주었다.

"운동화?"

봉지 속에는 정말 운동화가 있었다. 그것도 나이키 운동화가. 상호는 꿈을 꾸는 것만 같았다. 엄마에게 말 한 번 꺼낸 뒤 안 된다고 해서 마음을 접고 있었는데 아빠가 나이키 운동화를 사온 것이다. 상호는 당장 운동화를 신어보았다.

"와, 멋있다!"

파란색으로 날렵하게 휘날리는 나이키 마크는 정말 멋졌다. 상호는 운동화를 신어서도 보고 벗어서도 보며 한참을 만지작거렸다. 그리고 빨리 아침이 오기를 기다렸다. 어서 나이키 운동화를 신고 학교에 가고 싶었다.

"어어, 상호야!"

나이키 운동화를 신은 친구가 상호를 위아래로 훑어보았다.

"와, 나이키 샀네? 멋있다."

나이키는 나이키를 알아본다고 했던가. 친구는 상호의 운동화를 요리조리 보았다. 그때 프로스펙스와 월드컵이 다가왔다.

"으응? 나이키네!"

그리고 스펙스 녀석도 왔다.

"좋겠다. 소리 소문도 없이 나이키를 신다니."

월드컵은 부러움을 숨기지 않았다. 상호는 헤벌쭉 입이 벌어졌다. 그토록 갖고 싶던 나이키 운동화에 친구들의 폭발적인 반응과 부러움이라니. 상호가 원하던 일이 현실이 된 것이다.

그날 상호는 수업시간에도 중간중간 자기 신발을 훔쳐봤다. 그리고 길을 걸을 때도 상가 유리에 비치는 자신이 아니라 나이키 운동화만 보았다. 원하던 메이커 운동화를 신었다는 건 상호에겐 자부심 그 자체였다.

며칠 후, 나이키 운동화를 신은 친구가 상호의 운동화를 유난히 유심히 살피며 말했다.

"상호야, 네 운동화에 R자가 안 보인다? 혹시 그새 닳았나?"

친구는 조심스런 말투로 말했다. 하지만 그 말에서 의심이 느껴졌다.

'내 신발이 혹시 짜가라는 건가?'

메이커 신발이 유행하면서 세상에는 그에 발맞춰 가짜 메이커 신발들이 나타나고 있었다. 상호는 기분이 나빴지만 의연하게 받았다.

"아, 그런가?"

친구는 상호의 기분을 알아차렸는지 더 이상 묻지 않고 가버렸다.

상호도 전에 친구들에게 진짜와 가짜를 구분하는 법을 들은 적이 있었다. 진짜에는 조그만 R자가 있는데 가짜에는 없다고 했다.

친구 녀석처럼 자세히 살핀 것이 아니라 확신할 수 없지만 상호도 새 운동화에서 R자를 본 기억은 없었다.

집에 돌아온 상호는 신발부터 살폈다. 신발을 벗어서 구석구석 보았다. 로고 주변을 살피고 신발 발등 가리개의 위쪽도 뒤집어 보았다. 발등 가리개 위쪽에는 나이키임을 증명이라도 하듯이 영어가 즐비했지만 R자는 어디에도 없었다. 상호는 가슴이 뛰었다. 하지만 아직 모르는 일이라고 생각했다. 아니 그렇게 생각하기로 했다. 친구의 말대로 그 작은 R자는 벌써 닳았을지도 모르는 일이었다.

자려고 이불 속에 들어간 상호는 운동화 생각이 머리에서 떠나지 않았다. 새 나이키 운동화 생각을 하고 있자니 상호에게도 의심스런 일이 하나씩 늘어났다.

'내 운동화는 비닐봉지 속에 있었어.'

상호는 처음 운동화를 받았던 날을 떠올렸다. 친구들은 가끔 나이키 쇼핑백에 준비물을 담아왔다. 그것은 천 가방보다 귀한 대접을 받곤 했다. 메이커가 새겨진 쇼핑백을 쓴다는 건 그 메이커를 가졌다는 뜻으로 여겨졌다. 그래서 아이들은 운동화뿐 아니라 운동화가 담긴 박스와 쇼핑백도 귀하게 여겼다. 그런데 상호에겐 애초부터 그런 것이 없었다. 상호의 운동화는 비닐봉지 속에 있었던 거다. 그렇게 생각하지 않으려 했지만 상호의 마음속에서 불안한 의심이 스멀거렸다.

다음날 아침, 상호는 조심스레 아빠에게 물었다.

"아빠, 제 운동화 어디서 사셨어요?"

"동대문 시장."

아빠는 입안에 음식을 물어서인지 간단하게 한마디만 했다. 상호는 더 이상 자세히 묻지 않았다.

'나이키는 시장에서 팔지 않아. 오직 나이키 대리점에 가야 하지. 나이키 대리점은 동네에 흔히 있는 구멍가게가 아니라서 버스를 타고 찾아가야 하는데…….'

반 친구들 중에는 사지 않더라도 구경삼아 나이키 대리점에 가는 아이들이 있었다. 나이키 대리점은 번화한 시내에 있어서 대리점에 가면 두루두루 기분 전환이 되는 일이었다. 어쩌다 대리점에서 나이키 쇼핑백이라도 하나 얻으면 횡재한 듯 집으로 돌아오곤 했다.

상호의 기분은 점점 어두워져 갔다. 상호는 그 기분을 털어내려는 듯 고개를 세차게 흔들었다. 그러고는 생각을 고쳐먹었다.

'동대문 시장에 나이키 대리점이 있었나보지, 뭐.'

"상호야, R자 찾았어?"

나이키 친구가 다시 물었다. 상호는 긴장했다.

"글쎄 모르겠네. 자세히 안 봤는걸."

상호는 다시 얼버무리는 대답을 하고 그 자리를 피했다.

수업이 끝난 뒤에도 상호는 친구들이 축구를 하자는 것도 거절하고 혼자서 집으로 향했다. 운동화가 가짜일지 모른다는 생각이 들자 상호의 행동반경은 좁아지고 있었다.

집으로 가는 골목길. 상호 앞으로 고양이 한 마리가 획 지나갔다.

"어?"

상호는 장난삼아 고양이를 쫓아 뛰어갔다. 골목을 돌아서자 고양이가 눈에 보였다. 상호는 더 속력을 냈다. 그런데 그때,

"아이쿠."

픽!

상호는 미끄러져 넘어지고 말았다.

"아이, 이게 뭐야?"

상호는 혼자 넘어지고서도 화가 났다. 사실 지금은 넘어질 상황이 아니었다. 골목이 약간 비탈이라곤 해도 넘어질 정도로 경사가 진 건 아니었다. 순전히 신발 바닥이 미끄러워서 넘어진 거였다. 주저앉은 상호는 신발 바닥을 들여다보았다. 운동화 바닥에는 얇고 노란 고무창이 달려 있었다. 상호의 눈에도 미끄러워 보였다.

"이런 나이키!"

이런 저런 핑계로 가짜가 아닐 거라고 믿으려 했지만 상호는

더 이상 이 운동화를 진짜 나이키로 믿을 수가 없었다. 욱신거리는 엉덩이처럼 상호의 마음도 욱신거렸다.

다음날, 상호는 넣어두었던 낡은 운동화를 꺼내 신었다. 가짜 나이키는 상호의 마음을 불편하게 했다. 차라리 낡은 운동화가 나았다.

상호는 계속해서 낡은 운동화만 신었다. 그렇게 며칠이 지나고 학교에 가려는 상호를 엄마가 불렀다.

"상호야, 오늘 비 온다니까 새 운동화 신고 가."

엄마는 웃는 얼굴로 상호에게 당부를 했다.

"아끼는 것도 좋지만 필요해서 산 건데 신어야지."

엄마는 상호가 새 운동화를 신지 않는 이유를 그렇게 생각하고 있었던 것이다.

"네."

상호는 나이키 운동화를 꺼내 신었다. 가짜라서 신고 싶지 않았지만 그렇다고 하나뿐인 멀쩡한 신발을 안 신을 수는 없었다.

아침부터 비는 추적추적 내렸다. 상호는 미끄러운 밑창에 잔뜩 신경을 쓰며 걸었다.

"얘들아, 오늘 우리 집에 놀러 가자."

프로스펙스가 친구들 사이로 와서 말했다. 오늘은 프로스펙스의 생일이다. 아이들은 신이 났다. 놀 거리가 생긴 것이니 얼마나 좋은가. 게다가 생일이라면 먹을 것도 있을 테니 마다할 이유가 없었다. 다행히 오후에는 날도 화창해졌다.

앞선 프로스펙스를 따라 상호와 나이키, 월드컵, 스펙스가 프로스펙스의 집으로 갔다. 마당으로 난 마루의 유리문을 열고 아이들이 우르르 뛰어 들어갔다. 사내 녀석 대여섯이 움직이니 모든 것이 어수선했다. 아이들은 여기저기에 신발을 벗어던지고 음식이 차려진 방으로 향했다. 아이들은 모든 접시가 빌 때까지 식욕 자랑을 했다.

생일 파티가 끝나고 아이들은 축구를 하자며 마루의 유리문을 열어젖혔다.

"엥? 내 신발."

가장 먼저 밖으로 나선 나이키가 자기 신발을 찾았다.

"왜? 신발이 없어?"

프로스펙스가 불길함을 감지하고 뒤따라 나왔다. 프로스펙스의 신발도 보이지 않았다.

밖을 향해 훤히 열린 대문이 아이들의 불길한 직감이 사실임을 확인시켜주었다. 나머지 아이들도 나와서 신발을 찾았다.

"내 월드컵은 있는데."

"내 스펙스도 있네."

월드컵과 스펙스가 자기 신발을 꺾어 신고 마당을 돌아다니며 나이키와 프로스펙스의 운동화를 찾아봤다.

"이를 어쩌냐. 신발 도둑이 왔었나 보다."

월드컵이 안타까워하며 말했다. 신발을 잃어버린 아이들은 안타까움에 얼굴이 일그러졌다.

"메이커 신발 도둑이 많다더니, 딱 나이키랑 프로스펙스만 훔쳐갔네."

스펙스가 위로한답시고 말했다. 하지만 그 말은 상호에겐 상처였다. 상호의 나이키는 그대로 있었기 때문이다. 신발 도둑은 전문가였던 거다. 가짜 나이키 신발은 절대 훔쳐가지 않았다.

상호는 신발을 신고 그대로 대문을 나섰다. 그날 신발 도둑의 최대 피해자는 상호였다.

* * *

상호 씨의 이야기가 끝나자 경미 씨는 상호 씨의 손을 가만히 잡아주었다.

"우리 아들이 당신을 닮긴 닮았어. 그치?"

경미 씨는 부드러운 눈빛으로 상호 씨를 바라보았다. 그 순간 상호 씨는 브랜드 때문에 속이 상한 현수와 다르지 않아 보였다. 경미 씨의 눈길이 더욱 따뜻해졌다.

6장

그까짓 브랜드

"갑자기 왜 그래? 백화점에 가서 현수 브랜드 점퍼라도 사줄 생각이야?"

"그까짓 브랜드, 입고 싶으면 입는 거지. 뭐."

상호 씨는 홀가분한 듯 말했다.

"현수야, 만약에 아빠가 브랜드 점퍼를 사준다면 어떻게 할 거야?"

연수는 현수의 기분을 살피며 조심스레 물었다.

"그까짓 브랜드. 입어도 안 입어도 상관없어."

3라운드에 걸친 브랜드 썰전은 현수에게도 상호 씨에게도 결론이 나지 않았다. 현수와 상호 씨 중 누구도 자신이 이겼다고 여기는 사람이 없었기 때문이다. 두 사람을 누구보다 잘 알고 아끼는 경미 씨와 연수는 그들이 이야기를 꺼낼 때까지 기다려주기로 했다. 그래서 집안 분위기는 분명히 어색했지만 철저히 어색함을 숨긴 채 흘러갔다.

　며칠 후, 주말이 되자 상호 씨는 백화점 쇼핑을 제안했다.

　"백화점에 가자고?"

　경미 씨가 놀라서 물었다. 상호 씨가 경미 씨와 백화점에 가는 일은 드물었다. 연애할 때와 혼수 준비할 때는 별 탈 없이 백화점에 다니곤 했는데 결혼 후엔 서로 본색을 드러내면서 백화점 쇼핑은 늘 불협화음이었다. 백화점에만 가면 어디서 생기는지 모를 기운이 나는 경미 씨와 달리 상호 씨는 한 층을 돌고 다음 층으로 갈 때쯤이면 지쳤다. 이렇게 상호 씨가 경미 씨의 장단을 맞춰주지 못하니 언젠가부터 경미 씨도 상호 씨와 백화점에 가는 것이 불편했다. 경미 씨의 쇼핑에 상호 씨가 큰 걸림돌이 되었기 때문이다.

그런데 이번엔 달랐다. 브랜드 썰전 이후 상호 씨가 보인 파격적인 모습이었다. 그 속에 뭔가 의미가 숨어 있을 터였다.

"갑자기 왜 그래? 백화점에 가서 현수 브랜드 점퍼라도 사줄 생각이야?"

"그까짓 브랜드, 입고 싶으면 입는 거지. 뭐."

상호 씨는 홀가분한 듯 말했다.

"정말?"

경미 씨의 얼굴이 환해졌다.

"당신이 더 좋아하는 것 같네. 당신 거 사준다는 거 아닌데."

상호 씨가 멋쩍게 웃었다. 경미 씨는 괜히 실망하는 척을 하더니 이내 함께 웃었다.

썰전 3라운드가 끝이 나고 상호 씨는 많은 생각을 했다. 어린 시절을 회상하면서 현수의 마음이 되어보기도 하고 연수가 마지막에 했던 이야기도 깊이 따져보았다.

연수가 이야기했던 보르헤스의 단편 소설 「기억의 천재 푸네스」는 놀라운 기억력을 가진 푸네스의 이야기이다. 푸네스는 말에서 떨어지는 사고로 전신이 마비되어 몸을 움직일 수 없게 되고 만다. 그러자 푸네스에게 놀라운 능력이 생긴다. 자신이 본 그 순간의 모든 것을 사진을 찍듯이 기억하는 것이다. 보통 사람이 한 번에 탁자 위에 있는 세 개의 유리컵 정도를 본다면, 푸네스는 포도나무에 달려 있는 나뭇잎과 포도알 하나까지 기억할 정도였다. 무엇이건 세밀하게 보고 기억하다 보니 푸네스는 1882년 4월 30일 새벽의 남쪽 하늘에 있던 구름의 모습까지 기억하고 있었다.

하지만 푸네스는 자신이 보았던 모든 것을 세밀하게 기억할 뿐 그 기억을 연결하여 하나의 의미로 이해하지는 못했다. 여러 모양의 강아지를 보면 그 각각의 강아지를 기억할 뿐 그것들이 모두 '강아지'라고 인식하지 못하는 것이다. 그래서 소설에서는 푸네스가 사물을 이해하거나 포괄하는 능력이 없다고 말한다. 그런데 상호 씨는 푸네스의 이런 모습에서 신선함을 느꼈다. 자신과 다른 중요한 점을 발견한 것이다. 그것이 바로 연수가 하려는 이야기였다는 것도 알았다.

"여보, 나는 현수에게 미안했어. 어쩌면 어른으로서 아이들에게, 젊은이들에게 미안했는지도 몰라."

"그게 무슨 말이야?"

"연수가 했던 푸네스 이야기 기억나?"

경미 씨가 가만히 고개를 끄덕였다.

"나는 그 소설의 주인공 푸네스를 보면서 이면은 모르는 어리석은 아이, 깊이 생각하지 않는 경박한 아이를 생각했지. 그런데 그게 아니었어. 나는 너무나 고정관념에, 선입견에 사로잡힌 어른이었던 거야.

책의 주인공 푸네스는 보이는 것을 직관적으로 이해할 뿐이었어. 동그랗고 탱탱한 포도의 모습을 그대로 보았지. 그런데 난 '저렇게 포도가 싱싱하려면 아마 농약을 많이 쳤을 거야'라고 이해하곤 했던 거야. 현상의 이면까지 보고 이해한다고 하면서 사실은 고정관념으로 현상의 차이를 만드는 일에만 열중했던 거지. 그러다 보니 사물이 가진 있는 그대로의 모습을 보지 못했어. 현상과 사물을 이해하기 위해 들이대는 우리의 잣대가 어른과 부모가 가진 무서운 고정관념이나 선입견이었다는 생각을 하니까 얼마나 끔찍하던지 말이야."

경미 씨는 다시 고개를 끄덕였다.

"어른의 시선이 아이들에게 얼마나 폭력적일 수 있는지 이번 썰전을 하면서 다시 한 번 생각했지. 나는 다르다고 생각했는데 그것도 어른의 자만이 아니었을까 싶어."

"당신 말을 듣고 있자니 나도 막 반성이 되는데? 사실 내 마음은 왔다 갔다 했어. 현수를 응원했다가 당신을 응원했다가. 처음에는 현수의 마음을 전혀 이해하지 못하는 게 아니라서 현수가 원하는 대로 해주고 싶었어. 하지만 그러다가도 당신처럼 나도 그렇게 되는 대로 흘러가게 두고 싶진 않았지. 그래서 당신을 응원했어. 그런데 듣고 보니 현수의 말이 다 틀린 것도 아니있어. 어떨 때는 당신이 자기 생각만 집어넣으려 한다는 생각이 들기도 했고. 아무튼 현수를 보며 많은 생각을 하게 된 것 같아."

상호 씨와 경미 씨의 대화는 진지했다.

"우리 아들 참 괜찮지?"

"응, 아주 맘에 드는 아들이야."

경미 씨와 상호 씨는 한 아이의 부모로서 누구도 상상하지 못할 깊은 의리의 포옹을 했다.

한편 엄마로부터 아빠가 백화점에 가자고 했다는 말을 들은 연수는 현수에게로 갔다.

"현수야, 아빠가 백화점에 가재."

연수는 현수의 눈치를 살피며 말했다. 겉으로는 전혀 내색을 하지 않았지만 아직 아빠와 현수의 사이가 어색하다는 걸 연수는 알고 있었기 때문이다.

"그래? 오랜만에 가볼까?"

현수는 의외로 흔쾌히 대답했다.

"현수야, 만약 아빠가 브랜드 점퍼를 사준다면 어떻게 할 거야?"

이번에도 연수는 현수의 기분을 살피며 조심스레 물었다.

"그까짓 브랜드."

현수의 입에서 예상치 못한 말이 튀어나왔다.

"그까짓 브랜드? 너 간절하게 입고 싶어 했잖아?"

"이제는 아니야. 입어도, 안 입어도 상관없어. 아빠랑 브랜드 썰전 하면서 많은 걸 배웠어. 특히 3라운드 끝나고 혼자서 많이 생각했어. 아빠가 했던 말을 가만히 생각하고 생각했더니 정말 브랜드에 대해 자유로워지더라고. 나 정말 상관없어."

대답하는 현수의 얼굴에서는 정말 자유가 느껴졌다. 연수는 그런 현수의 얼굴을 가만히 들여다봤다.

"뭘 그렇게 봐."

현수는 애써 누나의 시선을 피했다.

"내 동생 갑자기 막 멋있어지네."

누나의 능글능글한 칭찬에 현수의 얼굴이 발그레해졌다.

"누나의 도움이 컸어. 누나가 아니었으면 썰전은 3라운드까지 해보지도 못했을 거야. 그랬다면 지금 나는 아빠를 미워하고만 있었을 거고."

"그래?"

"응. 나 이번에 정말 많이 배웠어. 생각도 많이 했고. 누나가 푸네스인가 책 얘기 했잖아. 나 사실 그 책 읽어봤어."

"정말?"

"누나 말 듣고 찾아봤는데 다행히 단편이라서 금방 읽었지. 그 책을 보니까 내가 확 보이더라고."

연수는 현수의 이야기에 더욱 집중했다.

"푸네스는 순간순간 보이는 것을 모두 기억하지만 그것들이 갖는 의미를 이해하는 능력은 없었어. 그래서 거울에 비치는 자신의 앞모습과 옆모습을 보고도 놀라지. 그 모든 것이 바로 자신이라는 통합적인 생각을 하지 못하는 거야. 오직 눈에 보이는 그 자체로만 인식하고 기억하지. 내가 바로 그러지 않았나 싶어. 눈에 보이는 브랜드의 화려함에 열광하면서도 그 이면을 한 번도 생각해보지 않았던 거지. 아빠는 내게 그런 생각을 심어주려 하셨던 거야. 내가 축구공에 열광할 때 그 축구공을 만드는 어린이 노동자의 고통을 이해했으면 하셨고, 브랜드 점퍼에 값비싼 비용을 지불할 때 인간이 가진 불합리한 생각과 쓸데없는 허영심을 고민해봤으면 하셨던 거지. 사실 아빠 이야기를 들으면서 공감되는 부분이 참 많았어. 아무 생각 없이 하는 행동들이 어떤 결과를 가져오는지 사람이라면 누구나 고민해봐야 하는 거잖아."

현수의 말에 연수는 손을 들어 하이파이브를 청했다.

짝!

"현수야, 방금 네가 얼마나 멋진 말을 했는지 알아? 내 동생 정말 멋있다, 정말."

진심이 담긴 누나의 칭찬에 현수도 기분이 좋아서 입이 절로 벌어졌다.

"네가 한 말은 요즘 내가 가장 관심을 갖고 있는 부분이었어. 난 그걸 책으로 읽으며 감탄하고 있었는데 넌 스스로 깨달았네."

"히히, 내가 그랬어? 근데 그게 뭐였는데?"

한껏 기분이 좋아진 현수는 누나가 읽었다는 책에 대해 물었다.

"내가 읽은 책은 유대인 기자가 쓴 책이야. 한나 아렌트라는 사람인데 유대인으로서 실제 2차 세계대전 때 나치의 탄압을 받기도 했던 사람이지. 이 사람이 유대인 학살의 책임자였던 아이히만이란 사람을 취재한 거야.

아이히만은 전쟁이 끝나고 남미로 도망을 갔다가 붙잡혀서 재판에 회부되었지. 예루살렘에서 벌어진 재판에는 많은 사람이 모였어. 그 많은 유대인을 죽이는 일에 앞장섰던 전범이 어떤 반성을 하는지 확인하고 싶었던 거야. 그런데 아이히만은 별다른 반성의 기미를 보이지 않았어. 아렌트 또한 아이히만은 그저 평범하고 성실한 공무원의 모습이었다고 기사를 썼고. 유대인들은 분노했지. 어떻게 대량 학살을 저지른 사람이 저렇게 뻔뻔하며, 나치의 탄압을 온몸으로 겪은 아렌트조차 아이히만이 일반 사람과 별로 다를 게 없다고 말하느냐, 그렇게 당한 것이 당연한 거냐고."

"정말 아렌트의 말은 의외인걸. 한나 아렌트는 유대인이었다면서 맘이 넓은 거야, 뭐야?"

현수는 아렌트의 행동을 이해할 수 없다는 투로 말했다.

"한나 아렌트는 그런 상황이 아니었다면 아이히만은 일 잘하는 사람으로 꼽혔을 거라고 했지. 아이히만의 잘못은 단지 사유를 하지 않은 것이라고 말했어. 인간에겐 사유의 권리뿐 아니라 의무가 있는데 아이히만은 그걸 하지 않았다고 말이야."

"사유의 의무?"

"응, 네가 말한 대로 자신이 하는 행동들이 어떤 결과를 가져오는지 사람이라면 누구나 고민해봐야 하는 것!"

"그렇지!"

현수는 팔짱을 끼고 고개를 끄덕였다. 조금 전 자신이 그런 멋진 말을 했다는 것이 자기가 생각해도 뿌듯했다.

"재판 과정에서 아이히만은 공무원으로서 나라에 충성을 다했다고 말했어. 공무원이 국가에 충성을 맹세했으니 국가 방침인 대량 학살을 하는 게 맞다는 논리를 펼쳤지. 하지만 아이히만은 자신이 한 일이 어떤 결과를 가져오는 일인지 생각했어야 한다는 거야. 그건 인간의 의무라는 거지. 우리나라의 친일파 중 많은 사람들이 그때는 어쩔 수 없었다고 말하지. 그리고 해방 후에도 배운 사람이 친일파들이니 공무원으로 기용할 수밖에 없었다고 하고. 그런데 그런 일들이 어떤 결과를 가져올지 먼저 생각해본다면 그렇게 쉽게 말하지는 못할 것 같아. 자신이 한 일이 어떤 결과를 가져오는 일인지 고민하고 생각하는 건 인간이 해야 할 중요한 의무 중 하나인 거지."

"맞아, 맞아. 그렇게 말하면 독립운동한 사람들은 뭐가 되냐고."

친일파 얘기에 현수가 확 열을 올렸다. 중2의 가슴에는 언제나 누구보다 강한 정의감이 솟고 있었다.

"하하, 아무튼 누나는 아무 생각 없이 하는 행동들이 어떤 결과를 가져오는지 사람이라면 누구나 고민해봐야 한다는 현수의 그 말에 완전 공감하고, 내 동생이 그런 생각을 한다는 것에 완전 감동이다."

남매는 다시 한 번 기분 좋은 하이파이브를 했다. 그때 태지에게서 문자 메시지가 왔다. 현수가 휴대폰을 집어 들자 연수는 웃는 얼굴로 현수의 방을 나갔다.

> 현수야, 오늘 뭐하냐? 탁구 치러 가자.

오늘은 좀 바빠서.

> 하하, 바쁘다고? 네가?

백화점 가신다.

음, 성공한 건가? 브랜드 점퍼 득템?

날 우습게 보지 마. 나도 너처럼 나로도 충분해.

하하, 뭔 소린지 정확히는 모르겠지만 나쁜 일은 아닌 거 같군.
낼 학교서 보자.

태지와의 문자 메시지는 거기서 끝이 났다. 이번 썰전을 통해 브랜드에 대한 고민을 하면서 현수는 어느 순간 태지가 떠오른 적이 있었다. 태지와 현수는 둘 다 브랜드 점퍼를 입지 못했지만 태지는 어느 순간에도 굴욕적으로 보이지 않았다. 그래서 현수는 태지에게 브랜드 점퍼가 없다는 생각도 하지 못했었다. 그건 다른 친구들도 마찬가지였다. 브랜드 박사 강일이조차도 태지의 스타일을 멋있어했다. 그것이 현수는 어느 순간 신기했다. 가만히 생각해보니 태지는 스스로가 브랜드의 역할을 하고 있었다는 생각이 들었다.

'태지에겐 환경에 대한 뚜렷한 신념이 있어. 그래서 어떤 행동을 하건 어떤 옷을 입건 태지만의 것으로 여겨지지. 여느 아이들과 차별화되는 부분이 존재하는 거야.'

이것은 브랜드를 만드는 방법과도 통하는 내용이었다. 브랜드 고유의 영역을 찾아 포지셔닝 하기, 브랜드에 스토리 담기, 다른 브랜드와 차별화하기 등등의 것이 태지에게 존재했던 거다.

그까짓 브랜드

185

'짜식, 멋있어. 나도 나로 충분한 사람이 되고 말 거야!'

현수는 이런 다짐만으로도 가슴이 부푸는 뿌듯함이 느껴졌다.

"얘들아 빨리 나와, 백화점 가자! 백화점 주차장은 늘 복잡하니까 우리 지하철 타고 가자."

현수네 가족은 조금 전 강한 의기투합을 했던 엄마와 아빠, 현수와 연수가 짝이 되어 지하철역으로 향했다. 그들은 백화점에서 현수의 겨울 점퍼로 무엇을 사게 될지 아직 아무도 몰랐다. 브랜드 점퍼를 사든 사지 않든 그것은 현수와 아빠에게 새로운 출발을 알리는 묘한 떨림이 될 것이었다.

한편 지하철에 탄 경미 씨와 연수는 뭔가 흥미로운 것을 발견했다.

"오, 노스페이스."

"응? 저기도 노페네."

"어머, 얘, 저기도 있어."

지하철을 타고 가는 동안 경미 씨와 연수 모녀는 아저씨들의 점퍼를 보고는 놀라서 속닥였다. 패딩 점퍼를 입은 아저씨 중에 많은 사람이 노스페이스 브랜드를 입고 있는 것이다.

"엄마, 왜 노페 입은 아저씨들이 많은 줄 알아?"

놀란 엄마에게 현수가 말했다.

"저 브랜드가 따뜻한가? 아닌데 요즘 웬만한 패딩은 다 가볍고 따시던데."

대답을 하긴 했지만 정답일지는 자신이 없었다. 현수도 틀렸다며 고개를 가로저었다.

"왜? 이유가 있어?"

"요즘 중딩들은 노페 안 입어. 우리에겐 브랜드도 유행이 있지."

"그래? 그런데 왜 아저씨들이 저렇게 많이 입는 거야?"

"한때 유행해서 자식에게 사줬던 점퍼를 이젠 아빠들이 입는 거지."

"어머!"

생각지도 못한 사실에 경미 씨와 연수는 놀랐다.

"우리 회사에도 아들 점퍼라면서 입고 온 사람이 있어. 아주 따뜻하고 가볍다고 저번에 등산하러 갔을 때 입고 왔던데."

"맞아요, 아빠. 저건 등산복 브랜드니까 가볍고 따뜻하죠. 비싼 만큼 품질도 좋은 편이고요. 그러니 아들이 안 입는다고 버릴 수 있나요? 아버지라도 입어야지요."

아빠의 말을 받아 현수가 자세히 설명했다. 그러자 상호 씨는 고개를 갸웃거렸다.

"이거 브랜드의 수명은 짧다는 건가? 아니지 브랜드는 영원한 건가? 이렇게 아버지들이 아들 점퍼를 입으니까."

아빠의 말에 현수는 웃음을 터트렸다. 현수가 웃자 상호 씨도 함께 웃었다. 그렇게 아빠와 아들의 길고 긴 브랜드 썰전은 따뜻한 웃음과 함께 끝이 났다.

사진 및 자료 출처

79쪽   방글라데시의 의류 공장에서 일하는 사람들 (ⓒ Fahad Faisal)

81쪽   방글라데시의 의류 공장이 붕괴된 현강의 모습 (ⓒ rijans)
        방글라데시의 의류 공장 붕괴에 관한 보도자료 (ⓒ BBC)

99쪽   샤넬, 그녀의 깡봉가 아파트에서 (ⓒ Courtesy of the Cecil Beaton Studio Archive at
        Sotheby's)
        자신의 워크숍에서 작업 중인 샤넬 (ⓒ Douglas Kirkland/Sygma/Corbis)
        〈상상 속의 만남〉 칼 라거펠트의 오리지널 드로잉 (ⓒ CHANEL)

104쪽   United Colors of Benetton 화보 사진 (ⓒ Benetton)

121쪽   다양한 국가에서 판매되고 있는 빅이슈 잡지 1 (ⓒ Big Issue Korea)
        다양한 국가에서 판매되고 있는 빅이슈 잡지 2 (ⓒ Kerrod Trott)
        다양한 국가에서 판매되고 있는 빅이슈 잡지 3 (ⓒ Gaetan Lee)
        말라위에서 판매된 빅이슈 잡지의 표지 사진 (ⓒ Briciola)

127쪽   신발을 구매하면 도움이 필요한 아이에게 한 켤레의 신발이 전달되는 탐스 신발
        (출처 : 탐스 공식 홈페이지)

144쪽   장석남, 「격렬비열도」『지금은 간신히 아무도 그립지 않을 무렵』, 문학과지성사,
        2001

151쪽   사이렌 여신을 상징하는 스타벅스의 로고 (출처 : 스타벅스 공식 홈페이지)

152쪽   승리의 여신 니케상 (ⓒ Marie-Lan Nguyen)
        나이키 로고 (ⓒ Nike, Inc.)

브랜드에 대한 개념만을 알려주는 것에 그치지 않고 하나의 브랜드를 만들어내기 위해 여러 분야, 여러 사람의 희생이 있어야 한다는 것, 브랜드가 가지고 있는 가치, 사회적 기업에 대한 설명 등 다양한 경제 원리를 이해하기 쉽게 알려준다. 초등학교 고학년이 읽어도 충분히 이해할 만큼 쉽게 쓰인 경제인문서라고 해도 손색이 없다.

유행에 민감한 청소년들이 이 책을 통해 과연 브랜드만을 좇는 것이 올바른지 사고하고, 자신의 개성에 맞는 스타일을 찾기를 바란다.

고가의 브랜드 제품을 사달라고 하는 아이를 무조건 반대하지 않고 아이의 의사를 듣고 이해하려고 노력하는 부모의 역할, 억지와 고집만 부릴 줄 알았던 아들이 스스로 자료를 찾고 부모의 의견을 분석함으로써 부모를 설득하려고 한 모습은 참으로 이상적이다. 아버지와 아들 사이에 대화를 통해 문제를 해결하는 과정을 보면서 가족 간의 대화가 줄어가는 이 시대의 부모와 아이들에게 함께 이 책 읽기를 권하고 싶다.

주인공 현수가 그랬던 것처럼 자신의 의견을 어필하기 위해 사유를 하고, 스스로 도서관을 찾아 브랜드에 관련된 책을 읽는 등 다양한 방법으로 자료를 모으는 것은 우리 교육에서 요구하는 자기주도적인 모습이 아닌가 싶다.

— 양혜윤(부천 중흥고 사서교사 · 경기도사서교사협의회 교사)

진심이 느껴지는 책이다. 가슴 뛰게 히는 것을 얻기 위한 현수의 진심과 그런 가슴 뛰는 행동들이 어떤 결과를 가져올지를 사랑하는 아들에게 알려주고 싶은 아버지의 진심이 치열하게 붙은 한판 승부. 브랜드가 무엇인지를 배울 뿐 아니라 브랜드를 어떻게 바라볼지를 다양한 관점과 가치 측면에서 배울 수 있는 책이다. 함께 등장하는 엄마와 누나, 친구 강일이와 태지를 통해서도 하나의 사건, 브랜드에 대한 각 사람의 가치관을 공감할 수 있었다.

특히 현수의 배워가는 모습이 인상 깊었다. 무작정 자신의 감정을 주장하기보다는 도서관에서 관련된 책을 찾아 읽으며 자신만의 반격의 무기를 준비하기도 하고, 주위의 여러 사람들의 말에 귀 기울이며 자신을 돌아보는 모습이야말로 생각하는 힘을 길러가는 우리 아이들의 바람직한 모습이 아닐까.

이 책은 스티브 잡스가 소크라테스와 한나절을 보낼 수 있다면 애플의 모든 기술을 내놓겠다고 말할 만큼 강조한 인문학의 중요성도, 좌절에 굴하지 않고 다시 설 수 있는 설렘과 통쾌함을 주는 토론의 묘미도, 나의 진심을 효과적이고 매력적으로 보여줄 수 있는 프레젠테이션 기술도 단번에 배울 수 있는 훌륭한 책이다.

— 백제헌(서울 혜성여고 사서교사)

꼰대 아빠와
등골브레이커의
브랜드 썰전

ⓒ 김경선, 2015

초판 1쇄 발행일 2015년 11월 26일
초판 12쇄 발행일 2022년 7월 29일

지은이   김경선
펴낸이   정은영

펴낸곳   (주)자음과모음
출판등록   2001년 11월 28일 제2001-000259호
주소   10881 경기도 파주시 회동길 325-20
전화   편집부 (02)324-2347, 경영지원부 (02)325-6047
팩스   편집부 (02)324-2348, 경영지원부 (02)2648-1311
이메일   jamoteen@jamobook.com

ISBN 978-89-544-3198-9 (44080)
     978-89-544-3135-4 (set)

이 도서의 국립중앙도서관 출판예정도서목록(CIP)은 서지정보유통지원시스템 홈페이지
(http://seoji.nl.go.kr)와 국가자료공동목록시스템(http://www.nl.go.kr/kolisnet)에서
이용하실 수 있습니다.(CIP제어번호: CIP2015030620)